SOCIÉTÉ POUR LA DÉFENSE DU COMMERCE
DE MARSEILLE

Séance de la Chambre Syndicale du 6 Mars 1900

CANAL LATÉRAL AU RHONE

RAPPORT

PRÉSENTÉ AU NOM DE LA COMMISSION D'INITIATIVE

PAR

M. Edouard VELTEN

RAPPORTEUR

MARSEILLE

TYPOGRAPHIE ET LITHOGRAPHIE BARLATIER

19, Rue Venture, 19

1900

162

SOCIÉTÉ POUR LA DÉFENSE DU COMMERCE DE MARSEILLE

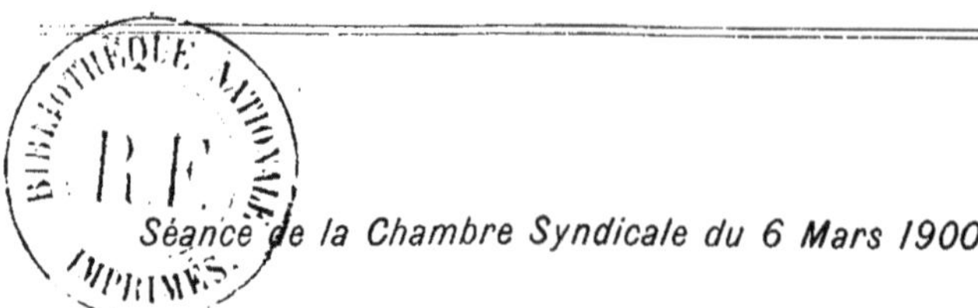

Séance de la Chambre Syndicale du 6 Mars 1900

M. Edouard VELTEN, au nom de la Commission d'Initiative (¹), donne lecture du rapport suivant sur le projet de création d'un *Canal latéral au Rhône :*

MESSIEURS,

Dans son intéressante et instructive brochure « Hambourg-Marseille » (²), notre Président, M. Lucien Estrine, établissant un parallèle entre ces deux grandes villes, nous montre tous les efforts réalisés pour assurer la prospérité de l'une et nous dit le peu qui a été fait en faveur de l'autre, descendue aujourd'hui au huitième rang des grands ports du monde après avoir été le port le plus important à la suite de Londres et de Liverpool. Et dans ses conclusions, il réclame énergiquement pour Marseille :

1° Le canal de Marseille au Rhône et le canal latéral du Rhône ;
2° Le dédoublement des voies ferrées reliant Marseille au nord de la France ;
3° Une zone franche.

La solution de ces trois importantes questions est en effet le seul remède efficace aux maux dont souffre Marseille.

(1) Cette commission était composée de **MM.** A. Fraissinet, *président ;* H. Turcat et A. Gouin, *vice-présidents ;* E. Velten et Villeminot, *secrétaires ;* A. Artaud ; A. Barjavel ; Bonnet ; Delibes ; M. Desbief ; P. Double ; Dufour ; J.-J Francou ; Garcin ; A. Gaulier ; M. Guilland ; H. Guis ; L. Imbert ; Mallen ; M. Monnier ; Noble ; E. Richard ; G. Ricord ; F. de Roux, et D. Vassiliadi.
(2) « Hambourg-Marseille », Barlatier 1899.
Brochure qui a eu l'honneur de figurer parmi les pièces annexes du remarquable rapport de M. J. Thierry, député, sur le budget du commerce.

SOCIÉTÉ POUR LA DÉFENSE DU COMMERCE
DE MARSEILLE

Séance de la Chambre Syndicale du 6 Mars 1900

CANAL LATÉRAL AU RHONE

RAPPORT

PRÉSENTÉ AU NOM DE LA COMMISSION D'INITIATIVE

PAR

M. Edouard VELTEN

RAPPORTEUR

MARSEILLE

TYPOGRAPHIE ET LITHOGRAPHIE BARLATIER

19, Rue Venture, 19

1900

Elle est l'unique moyen d'enrayer la décadence commerciale de notre ville malheureusement évidente, indéniable aujourd'hui.

On peut attribuer cette décadence à trois causes principales :

1° Au régime de protectionnisme que nous subissons depuis quelques années ;

2° A l'insuffisance des moyens de communications reliant Marseille avec le reste de la France et au défaut de diversité de ces moyens ;

3° A la situation géographique de notre ville qui n'est pas placée, comme presque tous les grands ports de commerce à l'embouchure d'un fleuve, constituant pour elle tant une voie de pénétration toute naturelle vers l'intérieur, qu'une route vers la mer.

La zone franche, dont la création est poursuivie avec autant d'ardeur que de talent par notre zélé Président, vient d'être l'objet d'un projet de loi déposé par notre éminent député M. Thierry. Elle contrebalancera les influences du protectionnisme, si néfastes pour nous.

Des études sont commencées pour le dédoublement des voies actuelles du P.-L.-M. Nous avons entendu ici des conférences contradictoires sur le trajet qne devra suivre la nouvelle ligne, et notre honorable collègue M. Turcat nous a lu un intéressant rapport sur la question. Ce sera un premier palliatif à l'insuffisance de la ligne unique de la Nerthe, la voie des Alpes ne pouvant être considérée comme une ligne commerciale.

Enfin le Canal de Marseille au Rhône remédiera à la situation géographique de Marseille en amenant artificiellement les eaux du Rhône jusqu'à nous. Les pouvoirs publics viennent de se mettre d'accord sur le point d'aboutissement du canal projeté, et bientôt nous l'espérons grâce aux efforts de notre Chambre de Commerce, Marseille par voie d'eau, communiquera avec Arles. Mais là n'est pas le terminus auquel nos besoins et notre ambition doivent s'arrêter. Ce sera déjà beaucoup d'avoir un canal reliant nos ports au Rhône ; mais ce sera insuffisant si le Rhône n'est pas rendu pratiquement navigable jusqu'à Lyon, centre où convergent tous les canaux aboutissant à la Saône, par suite véritable point terminus de la voie fluviale qui doit relier Marseille au Nord. Or le Rhône n'étant pas pratiquement navigable, un canal latéral au fleuve s'impose comme le complément naturel du canal de jonction de Marseille à Arles. C'est une œuvre nécessaire, de toute première utilité, parmi celles qu'il est indispensable d'entreprendre au plus tôt pour assurer la vitalité de notre ville et lui rendre sa véritable place dans le monde.

Vous nous avez chargé d'étudier cette importante question ; nous allons essayer de vous en faire l'historique et de vous prouver la nécessité de sa prompte solution.

I

Historique et situation actuelle de la question.

Historique.

L'idée de relier Marseille au Rhône et de construire un canal latéral à ce fleuve a été émise, pour la première fois, en 1808 par M. Céard, ingénieur en chef des Ponts-et-Chaussées, puis en 1822 par M. Cavenne, autre ingénieur en chef au même corps.

En 1841, nous trouvons un projet de l'ingénieur de Montluisant. Enfin, en 1873, M. Krantz, dans son rapport à l'Assemblée nationale, présenté au nom de la commission d'enquête des chemins de fer et des moyens de transport, proposait de remplacer le Rhône par un canal allant de Lyon à Marseille. Il évaluait la dépense de son projet à 95 millions de francs.

Commission interdépartementale de Lyon, en 1875.

Mais la première manifestation du commerce et de l'industrie en faveur de l'idée de relier pratiquement Marseille à Lyon par le Rhône, se produisit en 1875, à Lyon, où s'était réunie uue commission interdépartementale pour étudier les moyens d'exécution des travaux nécessaires à l'amélioration de la navigation du Rhône (1). C'est au sein de cette Assemblée que M. Gounelle père, délégué municipal de Marseille, présenta des considérations admirables (2) qui seraient presque toutes de circonstance, encore aujourd'hui et dans lesquelles il indiquait, qu'il ne concevait :
« le travail d'amélioration de la navigation du Rhône, qu'en tant
« qu'il consistera à *canaliser* le lit du fleuve, à en régulariser le
« cours et à souder la voie maritime à la voie fluviale. »

---

(1) La délégation des Bouches-du-Rhône était composée de MM. Arnaud, président du Tribunal de commerce d'Arles ; Bernard, ingénieur en chef des services maritimes à Marseille ; Borde, conseiller général ; Félix Gardair, membre de la Chambre de commerce de Marseille ; Gimmig, président de la Chambre de commerce de Marseille ; Charles Gounelle, membre de la commission municipale de Marseille ; Molinos, ancien président de la Société des ingénieurs civils ; Rabatau, maire de Marseille ; Tardieu, membre du Conseil général des Bouches-du-Rhône.

(2) Marseille, Cayer et Cⁱᵉ, imprimeurs, 1875.

« L'essentiel dans ma pensée, ajoutait-il (et il visait le canal de
« Marseille au Rhône)consiste à préparer une tête de ligne destinée
« à se rattacher au réseau navigable qui doit relier la mer Médi-
« terranée au Havre, à la Belgique et à la mer du Nord et dont la
« prompte exécution s'impose plus que jamais à la patriotique
« sollicitude des autorités compétentes. »

Ce que demandait Monsieur Gounelle, au nom de la délégation
des Bouches-du-Rhône, c'était le canal de jonction de Marseille
au Rhône et c'était aussi le Rhône navigable, ou son canal
latéral, complément indispensable du canal de jonction. C'était
une voie nouvelle reliant Marseille aux canaux du centre, par
suite au Nord, à Anvers, à la Baltique ; corrigeant sa situation
géographique qui la tient éloignée de l'embouchure d'un grand
fleuve, et ne la laissant pas isolée à l'extrémité d'une ligne unique
de chemin de fer, à la merci d'une seule et puissante Compagnie.

La Commission interdépartementale de Lyon vota un plan de
travaux d'amélioration dressé par Messieurs Jacquet et Girardon,
ingénieurs en chefs des Ponts-et-Chaussées, et renonça à l'idée
d'un canal latéral. Le plan de Messieurs Jacquet et Girardon
devait coûter 45 millions. Pour son exécution 39 millions ont été
déjà dépensés et n'ont donné, comme nous le verrons plus loin,
que des résultats fort peu appréciables.

Première idée du Canal de jonction du Rhône à Marseille. Ne pas laisser Marseille isolée, augmenter ses voies de communication (le développement des moyens de transport est la préoc-
cupation constante des autres peuples), corriger sa situation
géographique, ce sont là encore les causes déterminantes de
l'idée du canal de jonction de Marseille au Rhône qui remonte à
Vauban et dont la création fut en quelque sorte officiellement
demandée à la Chambre, dès 1878, par M. Sadi-Carnot. Le futur
Président de la République termina en effet son rapport sur les
crédits exigés pour l'exécution des travaux d'amélioration du
Rhône, votés par l'Assemblée interdépartementale de Lyon, en
priant la Chambre de décider : « Que la voie du Rhône amélioré
« devrait se prolonger jusqu'à Marseille par un canal, afin de
« mettre la grande cité commerciale en communication directe
« avec le fleuve. »

Projets Dumont et Chambrelent. En 1877, l'ingénieur en chef Dumont (¹) établissait un projet
de canal d'irrigation à dériver du Rhône, dont il évaluait la

(¹) Voir « Les canaux d'irrigation à dériver du Rhône » Paris, Guillaumin
et Cⁱᵉ, libraires-éditeurs, 1897.

dépense à 102 millions. Ce canal avec un supplément de dépense de 45 millions pouvait se transformer en canal de navigation allant de la Mulatière à Arles. Ce projet fut revisé et modifié par l'Inspecteur Général des Ponts et Chaussées Chambrelent dont les dispositions, en ce qui concernait seulement le canal d'irrigation, furent adoptées dans un projet de loi déposé en 1881 par M. Sadi-Carnot, alors Ministre des Travaux publics. Projet qui fut voté en juillet de la même année, par la Chambre des Députés et repoussé quelques mois après par le Sénat.

Comité des Fondateurs des Canaux du Rhône. — Le Conseil supérieur des Ponts et chaussées avait donné un avis favorable aux projets Dumont et Chambrelent et, dès le 15 mars 1875, M. l'ingénieur Dumont avait été autorisé, par circulaire ministérielle, à former un comité de propagande et d'étude parmi les capitalistes et les propriétaires de la région intéressée par les canaux à créer. C'est alors que se constitua le comité des fondateurs des canaux du Rhône, dont M. Pavin de Lafarge fut un des membres les plus actifs et les plus influents.

En 1886, MM. Pavin de Lafarge au nom du comité des fondateurs des canaux du Rhône, et Duparchy entrepreneur à Paris, demandèrent au Gouvernement une concession pour la création de canaux d'irrigation et de navigation. M. Develle était alors Ministre de l'Agriculture. Cette demande ne fut prise en considération que deux ans après, par M. Viette, deuxième successeur de M. Develle à l'Agriculture. Elle n'a jamais été soumise au Parlement.

En 1897 MM. Claret, Dollfus et Duparchy la renouvelèrent. Ils se chargeaient à forfait de la construction et de l'exécution de plusieurs canaux de navigation et d'irrigation moyennant une dépense de 205 millions, n'exigeant de l'Etat qu'une garantie d'intérêt de 4 o/o pour un capital de 175 millions pendant cinquante années.

Projet Souleyre. — En 1898 deux ingénieurs, M. Souleyre, aujourd'hui ingénieur à Constantine, et M. Denefle, ingénieur à Paris, frappés par l'insuffisance du Rhône en tant que voie navigable, se livrèrent à de sérieuses études sur la navigation et l'utilisation industrielle de ce fleuve.

La « Revue Scientifique » des 16, 23 et 30 avril 1898 a publié le travail très intéressant et fort complet de l'ingénieur Souleyre, que nous donnons en annexe à notre rapport (Voir annexe A).

M. Souleyre propose d'aménager le Rhône, en escaliers hydrauliques, par une série de biefs presque horizontaux terminés par des chutes où seraient placées, parallèlement aux écluses, des usines productrices de force motrice. De Lyon à Tournon, le projet Souleyre emprunte le fleuve lui-même et de Tournon à Tarascon, il établit un canal latéral de 150 mètres cubes de débit, ayant une profondeur de 3 mètres à 3m20, et par des approfondissements et élargissements successifs, il indique que l'on devrait arriver à un canal de 300 mètres cubes de débit.

Les cours d'eau ordinaires traverseraient le canal projeté au moyen de syphons ; seules l'Isère et la Durance seraient traversées à niveau.

M. Souleyre arrive à une dépense totale de 235 millions pour des dérivations à 150 mètres cubes et à une dépense de 325 millions pour des dérivations à 300 mètres cubes.

La force motrice produite par les chutes pourrait être utilisée à la traction sur le canal, la traction sur le P.-L.-M., l'éclairage des villes et pour les différents besoins de l'industrie et de l'agriculture.

Les chutes d'un canal à 150 mètres cubes donneraient 50.400 chevaux au minimum et 74,400 chevaux au maximum. Avec celles d'un canal à 300 mètres cubes on aurait 99.000 chevaux au minimum et 148.800 chevaux au maximum.

Le projet comporte tout un système d'irrigation pouvant rendre les plus grands services à l'agriculture.

M. Souleyre fait ressortir avantageusement le côté financier et économique de son projet, notamment en ce qui concerne les bénéfices à retirer de la traction par voie d'eau, qu'il estime en se basant sur les prix de revient des transports par la Seine canalisée à 0 fr. 01 par tonne kilométrique, soit 50 0/0 de moins que par la traction sur voie ferrée et par suite sur le trafic total du nouveau canal, il pense faire réaliser au commerce et à l'industrie une économie annuelle d'un demi-milliard tout en rémunérant les capitaux engagés dans l'entreprise. Nous laissons à M. Souleyre la responsabilité de ses chiffres.

Enfin il termine son étude par un projet assez curieux d'aménagement du lac du Bourget, véritable réservoir d'eau et de force, qu'il relie au Rhône par un tunnel en syphon de 4.800 mètres aboutissant à Lagneux, qui permettrait de régulariser en toute saison l'étiage du Rhône et de maintenir constante la force de ses chutes. Ce travail supplémentaire coûterait de 11 à 14 millions.

M. Denèfle, ingénieur-constructeur à Paris, demande au Gouvernement la concession d'un réseau de canaux de navigation et d'irrigation dans la vallée du Rhône.

Dans un exposé très détaillé (voir annexe B, où nous donnons en entier le projet Denèfle), M. Denèfle, après avoir fait l'historique de la question, trace le plan et établit les devis d'un canal de navigation latéral au Rhône, allant de la Mulatière à Arles et sur lequel pourront naviguer des chalands de 2.000 tonneaux. Il arrive à une dépense de 135 millions pour le canal de navigation et à une dépense de 105 millions pour un système très complet de canaux d'irrigation. Soit au total 240 millions.

M. Denèfle emprunte à l'Isère l'eau destinée à l'irrigation et installe à Donzère un syphon sous le Rhône pour amener sur la rive droite les eaux nécessaires à une branche spéciale d'irrigation se prolongeant à travers l'Ardèche.

Le côté financier de l'entreprise de M. Denèfle aurait pour base l'application d'un système de traction électrique sur le canal, avec prix déterminés à l'avance, assurant au trafic des tarifs les plus avantageux. Cependant il ne se réserverait pas le monopole de la traction et l'usage du Canal serait gratuit pour tous ceux qui n'emploieraient pas son mode de locomotion. De plus, il estime pouvoir disposer de 50.000 chevaux hydrauliques pour l'industrie et l'agriculture, qu'il livrerait au public à raison de 60 fr. le cheval hydraulique.

Enfin M. Dénèfle termine son projet par un canal reliant Arles au petit Rhône et le petit Rhône à Saint-Gilles et, par le prolongement de la voie ferrée de Générac à Saint-Gilles (10 kilomètres environ) il met en relation directe avec les nouvelles voies navigables, Nîmes, Alais et le bassin houillier du Gard.

En Janvier 1899, MM. Auguste Pavin de Lafarge, Julien Rigaud et Jules Alizon, conseillers généraux de l'Ardèche, s'inspirant des travaux de l'ingénieur Souleyre, présentèrent un rapport remarquable à la commission interdépartementale des Conseils généraux de l'Ardèche, du Gard, de la Drôme, de l'Hérault, de l'Isère, et de Vaucluse qui adopta à l'unanimité les propositions suivantes :

« Considérant que le Rhône est par son débit le fleuve le plus « considérable de la France, considérant que sa vallée est le pas- « sage le plus direct pour les marchandises importées du canal « de Suez et du littoral Méditerranéen à destination de la France « et d'une partie de l'Allemagne, de la Suisse et même de la « Belgique, considérant que le Rhône est de tous les fleuves

« Européens, celui se prêtant le mieux à l'utilisation de ses forces
« motrices, considérant que son bassin méridional est un des
« plus populeux et des plus misérables au point de vue agricole :
« La Commission interdépartementale des Conseils généraux,
« de l'Ardèche, du Gard, de la Drôme, de l'Hérault, de Vaucluse
« et de l'Isère décide de proposer au Conseils généraux qu'elle
« représente l'émission du vœu suivant :
« Que le Gouvernement mette le plus promptement à l'étude
« l'aménagement agricole et industriel du Rhône, permettant
« l'irrigation, une navigation constante notamment par des
« canaux latéraux et l'utilisation des forces motrices du Rhône. »
C'était là une première sanction donnée au projet Souleyre.

Rapport de la Chambre de Commerce d'Aubenas. M. Auguste Pavin de Lafarge, au nom cette fois de la Chambre de Commerce d'Aubenas, rédigea un nouveau rapport, développant le premier travail qu'il avait soumis avec MM. Rigaud et Alizon, à la Commission interdépartementale des Conseils généraux et qu'il présenta au Congrès des Chambres de commerce du Sud-Est à Lyon.

Etant donnée la valeur des arguments de M. Auguste Pavin de Lafarge et l'appui considérable que peuvent donner à la réalisation de la question qui nous occupe ses intéressants travaux, nous publions en annexe ses deux rapports in-extenso. (Voir annexe C).

Congrès des Chambres de Commerce du Sud-Est (1). C'est à ce Congrès tenu à Lyon le 31 Mai et les 1er, 2 et 3 juin 1899, que la question du canal latéral au Rhône s'est affirmée, qu'elle a pris une importance considérable et qu'elle est entrée véritablement dans une phase d'actualité. Son étude a été en effet renvoyée à l'Office Central, créé à Lyon par les délégués des Chambres de commerce et destiné à fournir à ces Chambres et à leurs ressortissants toutes les indications nécessaires à la défense de leurs intérêts en matière de transports, soit par eau, soit par voie ferrée.

Le Congrès s'est occupé du canal latéral du Rhône au cours de sa deuxième séance, le 1er juin. La question a soulevé une discussion brillante entre M. Coignet, vice-président de la Chambre de

---

(1) A ce Congrès se trouvaient représentées les Chambres de commerce de : Annonay, Aubenas, Auxerre, Avignon, Beaune, Besançon, Cette, Chalon-sur-Saône, Chambéry, Clermont-Ferrand, Dijon, Gray, Grenoble, Lons-le-Saulnier, Mâcon, Marseille, Montpellier, Nice, Nîmes, Le Puy, Roanne, Saint-Etienne, Tarrare, Toulon, Valence, Vienne, Villefranche, soit avec Lyon, 28 Chambres de commerce.

Commerce de Lyon, et M. Auguste Pavin de Lafarge, membre de la délégation de la Chambre de Commerce d'Aubenas (¹).

M. Coignet reconnaissant les difficultés de la navigation actuelle du Rhône, estimait qu'il était préférable de continuer à chercher à améliorer le Rhône lui-même, plutôt que d'arriver à la création d'un canal latéral, dont l'entreprise offrait de nombreux aléas. Pour lui les projets Souleyre et Denèfle, le dernier venant à peine de paraître, n'étaient pas suffisamment étudiés, et réfutant les chiffres de M. Souleyre et par suite ceux de M. Auguste Pavin de Lafarge, sur les prix de revient du cheval vapeur produit par la houille ou par la force hydraulique, en prenant pour base les résultats obtenus au canal de Jonage, il concluait à l'amélioration pure et simple du lit et du courant du Rhône, pour laquelle il restait encore 5 à 6 millions à dépenser, sur les 45 millions votés pour réaliser le programme de travaux conçu par MM. Jacquet et Girardon, ingénieurs en chef du Rhône.

M. Auguste Pavin de Lafarge, laissant de côté les chiffres, fort discutables, disait-il, de M. Coignet sur les prix de revient du cheval vapeur produit par la houille ou par la force hydraulique (chiffres sur lesquels nous reviendrons plus loin), n'admettant pas que les machines à feu soient plus économiques que les machines à eau, rappelant les termes de son rapport à la Chambre de Commerce d'Aubenas interprète des vœux de la population entière de l'Ardèche riveraine du Rhône sur près de 150 kilomètres, prouva éloquemment les nécessités et les avantages d'un canal latéral au Rhône et amena le Congrès, non pas à émettre le vœu que lui proposait la Chambre de Commerce d'Aubenas, la loi du 9 avril 1898 ne le permettant pas, mais à approuver la motion suivante qui est inscrite dans les procès-verbaux de ses séances.

« La conférence des Chambres de Commerce du Sud-Est, après « avoir pris connaissance du rapport de la Chambre de Commerce « d'Aubenas, renvoie à son Office Central de renseignements la « proposition de vœu de cette délégation, en regrettant pour des « raisons de légalité de ne pouvoir l'émettre, et demande à son « Office Central d'inviter chacune des vingt-huit Chambres de « Commerce représentées à se prononcer en faveur de l'aménage-« ment industriel et agricole du Rhône. »

---

(1) « Conférences des Chambres de Commerce du Sud-Est. » Lyon, imprimerie A. Rey, rue Gentil. 1899.

Nous pouvons donc dire que vingt-huit Chambres de Commerce reconnaissent la nécessité d'un canal latéral au Rhône et en approuvent la création.

L'Office Central de Lyon est à peine constitué et les études et travaux qu'il doit faire ne sont pas encore commencés.

II

Nécessité du Canal latéral, ses avantages
pour Marseille.

Situation géographique de Marseille. Presque tous les grands ports de commerce se trouvent situés à l'embouchure d'un fleuve, qui naturellement navigable ou approprié à la navigation par des travaux d'amélioration, constitue une véritable voie économique et facile de communication entre les mers et l'intérieur.

Londres est sur la Tamise, Liverpool sur la Mersey, Hambourg se trouve à l'embouchure de l'Elbe, Anvers à celle de l'Escaut, Calcutta est situé sur le Ganges, Alexandrie sur le delta du Nil, New-York est à l'embouchure de l'Hudson. Pourquoi Marseille n'est-elle pas à l'embouchure du Rhône ?

Les fondateurs de notre antique cité étaient pourtant des navigateurs et des commerçants éclairés. S'ils se sont établis à quelques kilomètres de l'embouchure du Rhône, c'est que le delta que forme ce fleuve en se jetant dans la Méditerranée a toujours été malsain à cause des marécages qui s'y trouvent et qui y constituent de véritables terrains mouvants absolument impropres à l'édification d'une ville.

Les Romains qui paraissaient mieux connaître les avantages des voies navigables et qui se doutaient de l'importance que pouvait avoir le Rhône, pour leur marche en avant dans l'intérieur des Gaules, avaient été probablement frappés du défaut de la situation géographique de Marseille, et à cette époque l'état de la navigation du Rhône permettant de remonter plus facilement jusqu'à Arles, ils établirent dans cette dernière ville, qui fut pour eux la clef du pays qu'ils allaient conquérir, le centre de ravitaillement de leurs armées. Ils n'auraient pas choisi Arles, si Marseille avait été sur le Rhône.

Marseille, n'ayant pas été fondée à l'embouchure d'un fleuve, se trouve donc privée par la nature de cet auxiliaire puissant en moyens de communication possédé par la plupart de ses rivales.

Par suite notre ville est complètement isolée de l'immense réseau de voies navigables et de canaux qui sillonnent la France du Centre au Nord et de l'Est à l'Ouest et permettent aux régions qu'ils traversent de communiquer facilement et économiquement, non seulement entre elles, mais encore avec la Belgique, la Hollande et l'Allemagne.

Un regard jeté sur la carte officielle des voies navigables de la France, prouvera à ce point de vue, mieux que toutes les explications, notre isolement et la situation défavorable de notre ville (1).

Cette situation avait frappé en 1748 le savant Bellidor et en 1679 le grand Vauban. L'un et l'autre, ont établi d'une façon péremptoire que la difficulté ne pouvait être tournée que par l'établissement d'un canal.

Le Canal de jonction du Rhône à Marseille. Le canal de jonction du Rhône à Marseille, mettant notre ville en communication directe avec un fleuve, sera le premier et le plus utile correctif de sa situation géographique. Il nous donnera artificiellement la voie de pénétration, la route vers la mer, que nous n'avons pas naturellement ; il deviendra le moyen de dégagement facile et économique qui nous manque, pour ne pas laisser notre important trafic à la seule disposition du P.-L.-M., insuffisant ou trop coûteux, tant pour nous amener les produits du Nord que pour transporter nos marchandises vers l'intérieur.

La création de ce canal que réclament tous les Marseillais soucieux de l'avenir commercial de leur ville, a été de la part de quelques-uns de nos concitoyens l'objet d'études fort importantes. C'est ainsi que notre ancien Président, M. Georges Borelli, aujourd'hui membre secrétaire de la Chambre de Commerce, a rédigé au nom du Comité des intérêts commerciaux industriels et maritimes, un rapport des plus complets et des plus intéressants démontrant l'évidente nécessité du canal de jonction (2).

M. Jules Charles-Roux, comme adjoint au maire de Marseille, comme membre de notre Chambre de commerce, comme député, s'est fait le propagateur le plus zélé et le défenseur le plus ardent du canal de jonction au Rhône. Il lui a consacré de remarquables

---

(1) Voir la carte du Ministère des Travaux Publics publiée par Baudry et Cie, éditeurs à Paris.

' (2) « Le Canal de jonction du Rhône à Marseille », rapport de M. G. Borelli, Marseille 1890. Barlatier, imprimeur.

travaux, notamment dans la *Revue des Deux Mondes* (¹) et dans une lumineuse brochure « Le Canal de jonction du Rhône à Marseille » (²), dans laquelle la question est traitée avec autant d'autorité que de compétence. Il nous y montre plus particulièrement la situation fâcheuse créée à Marseille par les tunnels du Brenner, du Mont-Cenis et du Gothard, qui enlèvent au réseau du chemin de fer français un important tonnage au plus grand avantage de Gênes, situation qu'aggravera encore le percement du Simplon et qu'une voie navigable reliant Marseille à l'intérieur peut seule modifier.

A la Société pour la Défense, le sujet a été souvent traité, et déjà en 1881, au cours d'une conférence, nous y avons entendu, M. Maurice Rouvier, député de Marseille, qualifier le canal de jonction au Rhône, « d'une question de vie ou de mort pour notre cité. » Ce que confirmait l'opinion de M. de Freycinet, Président du Conseil, qui disait en visitant nos ports : « Un canal de jonction « du Rhône à Marseille me paraît d'une importance considérable « pour votre commerce. Je ne puis me faire à l'idée que la capitale « des Bouches-du-Rhône reste séparée du fleuve. »

Malgré les efforts les plus louables de notre Chambre de Commerce, ce n'est qu'à la fin de l'année dernière qu'un projet sur le canal de jonction de Marseille au Rhône a été déposé par le Gouvernement.

La Commission parlementaire, après avoir pris l'avis des spécialistes et entendu les intéressés, s'est arrêtée définitivement à Arles comme point d'aboutissement du nouveau canal. Notre Chambre de Commerce se chargeant de la plus grande partie des dépenses dont le reste est assuré par le département, la Ville et l'Etat, et assumant la responsabilité du côté financier de l'entreprise nous ne voyons maintenant plus d'obstacle à la prompte mise en œuvre des travaux. Aussi nous espérons que le XXᵉ siècle ne commencera pas, sans que le premier coup de pioche soit donné à cette œuvre de salut, jugée indispensable à la vitalité de Marseille par deux Présidents du Conseil des Ministres et dont la création sera l'éternel honneur de notre Chambre de Commerce.

----

(1) Voir la *Revue des Deux-Mondes* du 1ᵉʳ février 1893.

(2) « Le Canal de jonction du Rhône à Marseille », par J. Charles-Roux, député. — Paris 1894, Ch. Delagrave, éditeur.

Le Rhône est-il navigable ?

Si le Rhône était pratiquement navigable, le canal de jonction de Marseille à Arles une fois fait, nous possèderions la plus belle voie de communication fluviale que l'on puisse souhaiter :

Marseille serait reliée à Lyon et par suite à cet immense réseau de canaux aboutissant à la Saône, et alors non seulement le Havre, Paris et la Champagne, mais encore la Belgique, la Hollande, l'Angleterre, la Suisse et l'Allemagne pourraient facilement et économiquement nous envoyer leurs marchandises ou recevoir les nôtres. Nous ne serions plus à la merci du P.-L.-M., les tunnels des Alpes n'auraient plus pour nous de conséquences fâcheuses. Et la question que nous traitons serait résolue.

Mais malheureusement le Rhône n'est pas pratiquement navigable.

M. Charles Lentheric, ingénieur en chef des Ponts-et-Chaussées, qui a écrit sur le Rhône (1) deux volumes fort complets et très intéressants, nous le dit clairement : « Il est certain que « malgré les résultats satisfaisants de la régularisation du Rhône « le fleuve ne présente pas de conditions parfaites de navigabilité. « Un grand torrent, quelque régularisé qu'il soit, sera toujours « inférieur comme voie de transport à une rivière canalisée et « surtout à un *canal latéral* établi sur de grandes proportions, « présentant un tirant d'eau constant, sans courant sensible et « pouvant offrir à la batellerie les mêmes avantages à la remonte « qu'à la descente. Tout est encore à faire sur le Rhône dans « cet ordre d'idée et tout se fera certainement un jour ».

L'opinion de M. Lenthéric a une grande valeur, si l'on tient compte des études approfondies et suivies faites par cet ingénieur sur le Rhône.

Un ingénieur très distingué du service des Ponts-et-Chaussées, que nous ne pouvons nommer ici, et qui depuis plusieurs années, ayant étudié le Rhône peut en parler avec toute la compétence désirable, tout comme son collègue M. Souleyre, a reconnu les défauts de navigabilité de ce fleuve. Il nous écrivait dernièrement qu'il fallait, pour qu'un ingénieur puisse déclarer que le Rhône était pratiquement navigable, que cet ingénieur n'ait jamais étudié ou même simplement regardé ce fleuve.

Enfin l'ingénieur en chef Jacquet qui élabora avec son collègue Girardon le plan des travaux d'amélioration adopté par la commission interdépartementale de 1875, nous indique « qu'à cause « de la rapidité du courant, le Rhône présentera *toujours* des

(1) « Le Rhône », histoire d'un fleuve, par Ch. Lenthéric, 2 vol. — Plon, Nourrit et Cⁱᵉ, Paris, 1892.

« conditions de navigabilité bien différentes de celles que l'on ren-
« contre sur les autres voies du réseau navigable et exigera un
« *matériel spécial.* »

Voilà l'opinion des ingénieurs compétents sur la navigabilité du
Rhône.

Les riverains, les industriels, les commerçants nous disent
également que le Rhône n'est pas pratiquement navigable.

M. Auguste Pavin de Lafarge, qui est à la tête d'une de nos
plus importantes entreprises industrielles et dont les établisse-
ments sont situés sur le Rhône, nous démontre dans ses deux
rapports (¹) avec preuves à l'appui, que le Rhône n'est pas pratiquement navigable.

M. Théo. Teissère, président de la Société des Bormettes, qui
exploite une mine près de Vienne dans l'Isère, nous écrit (²) que
la navigation actuelle du Rhône est faite dans les conditions les
plus onéreuses. La lettre de M. Teissère est toute à lire et prouve
encore que le Rhône n'est pas pratiquement navigable (voir
annexe D). De même la lettre des Brasseries de la Méditerranée
(annexe D).

L'enquête que nous avons personnellement faite auprès des
différents industriels de la région, ne laisse aucun doute sur les
défauts de navigabilité du Rhône et les encouragements que nous
avons reçus de la part de certains d'entre eux, nous indiquent
qu'un Canal latéral au Rhône est vivement désiré par tous. (Voir
extraits des lettres : des Aciéries de la Marine à St-Etienne, des
Etablissements de St-Galmier, de la Société d'Alumine à Givors,
etc., etc. (annexe D).

Un honorable négociant en vins de Beaucaire nous disait
dernièrement qu'il avait dû renoncer à faire ses envois sur Paris
par la voie du Rhône, car si en 1882 et 1883 ils mettaient de 65 à
70 jours pour arriver, aujourd'hui, malgré les travaux d'améliorations de MM. Jacquet et Girardon, il leur fallait encore de 47 à 52
jours pour accomplir le trajet de Beaucaire à Paris. C'était il est
vrai un progrès, mais combien dérisoire et insuffisant !

Ces travaux d'amélioration qui ont déjà coûté 39 millions, n'ont
pas donné de résultat appréciable, malgré le talent incontestable
des ingénieurs qui les ont conçus et les efforts méritoires de ceux
qui les ont exécutés. La navigation du Rhône est restée après
cette dépense considérable, ce qu'elle était avant, c'est-à-dire,
difficile, dangereuse, possible seulement pour un matériel spécial.

(1) Voir annexe C.
(2) Voir annexe D.

A certain point de vue, ces travaux ont même aggravé les difficultés et les dangers de la navigation, en supprimant les voies de
hallage et en rendant encore plus puissante la rapidité du courant.
Les digues et les épis noyés, construits pour resserrer le lit du
fleuve et en augmenter dans quelques endroits l'étiage, n'ont eu
d'autre effet, que de le rendre dans ces mêmes endroits plus
rapide. Notamment entre Tournon et Pont-Saint-Esprit où la
violence du courant nécessite l'emploi compliqué du touage à la
chaine. Système souvent impraticable, car non seulement la
chaine sujette à l'usure se rompt bien des fois, mais elle est la
plupart du temps ensevelie par les graviers que roule le fleuve.
De Lyon à Arles l'étiage du Rhône ne permet qu'un mouillage
minimum de 1ᵐ10, et par suite l'enfoncement des bateaux ne peut
dépasser 0ᵐ90.

Pour naviguer dans ces conditions déplorables, il faut un matériel spécial et particulier, qui diffère absolument de celui des
rivières canalisées et des canaux avec lesquels le Rhône communique ; aussi pour se servir du Rhône le commerce est obligé de
subir les frais onéreux d'un transbordement difficile et de passer
par l'entremise de la seule et unique Compagnie de navigation et
de touage possédant le matériel répondant aux besoins de cette
navigation arriérée.

Par suite la Compagnie de navigation du Rhône, jouit d'un
véritable monopole de fait ayant tous les inconvénients d'un monopole de droit. Ce qui fait que même avec le canal de jonction,
Marseille, pour ses transports, n'échappera au monopole de la
voie ferrée que pour se trouver en face d'un nouveau monopole
sur sa voie fluviale. Enfin cette navigation rudimentaire est si
pénible, qu'elle revient 0 fr. 02 à 0 fr. 03 la tonne kilométrique alors
que la tonne kilométrique par chemin de fer ne coûte en moyenne
que 0 fr. 02.

Sur la Seine la tonne kilométrique arrive à 0 fr.01 et sur le Rhin de
cinq à dix millimes. De tels chiffres se passent de commentaires.

Ces conditions défavorables et le matériel spécial et coûteux
qu'elles exigent mettent la Compagnie de navigation du Rhône
dans l'impossibilité d'établir les tarifs réduits correspondant aux
marchandises pauvres, lourdes ou encombrantes qui constituent
généralement le principal élément de trafic d'un canal.

Aussi voyons-nous que les accroissements de tonnage obtenus
sur le Rhône sont loin d'être en rapport avec ceux bien supérieurs
réalisés par le P.-L.-M. Quand au contraire l'augmentation pro-
portionnelle du trafic par voie ferrée et voie fluviale est sensiblement égale : sur le chemin de fer de Paris au Havre et la Seine ;

sur le chemin de fer du Midi et le canal latéral à la Garonne ; sur le chemin de fer de l'Est et les canaux de cette région.

Nous pouvons donc affirmer que le Rhône n'est pas pratiquement navigable. Et encore dans toutes les preuves de ses défauts évidents de navigabilité, nous n'avons pas tenu compte de ses crues qui sont nombreuses et souvent importantes ; ni du mistral dont le souffle violent est un véritable danger sur un fleuve aussi large, aussi rapide et si peu abrité.

Pour remédier à ce défaut de navigabilité du Rhône, deux solutions se présentent :

1° Améliorer le fleuve par de nouveaux travaux ;
2° Construire un canal latéral au fleuve.

Nous avons vu que les travaux d'amélioration décidés par l'Assemblée interdépartementale de Lyon ont coûté fort cher et donné des résultats fort peu appréciables.

Le caractère torrentiel du Rhône ne permettra jamais une navigation sûre et régulière malgré toutes les digues et tous les travaux que l'on exécutera pour enserrer et régulariser le cours de ses eaux et en augmenter l'étiage. Et le total des millions que l'on dépenserait encore à cet effet équivaudrait peut-être à la dépense d'un canal latéral ; si l'on tient compte que déjà 40 millions ont été jetés, pour ainsi dire dans le fleuve, sans qu'aucun avantage réel n'en soit ressorti pour sa navigation. C'est donc à la création d'un canal latéral qu'il faut s'arrêter. Il assurerait constamment une navigation sûre, facile et régulière. Il pourrait, par des canaux auxiliaires d'irrigation, fertiliser tout un pays, et par ses chutes rendre les plus grands services à l'industrie ; tandis que en resserrant le lit du fleuve par des endiguements et des épis, quel profit en retirerait l'agriculture et quelle force motrice ne perdrait-on pas en frottements inutiles ?

Connexité du Canal de jonction et du Canal latéral. Le canal de jonction du Rhône à Marseille terminé, le Rhône n'étant pas pratiquement navigable et les travaux que l'on pourrait exécuter pour améliorer le fleuve ne devant pas donner de résultats satisfaisants ; comme nous le disions en commençant, un canal latéral au Rhône s'impose.

En réclamant pour le bien de notre ville la création de ce canal latéral au Rhône, nous ne voudrions pas que l'on se méprenne sur nos intentions et qu'on nous classe parmi les adversaires du canal de jonction du Rhône à Marseille. Les causes les meilleures, les œuvres les plus saines et les plus utiles ont toujours malheureusement des ennemis, et le canal de jonction dont tous les

Marseillais, sans distinction aucune, devraient désirer la prompte
exécution, a aussi ses opposants dont quelques-uns malheureusement sont assez haut et assez puissants pour en retarder l'exécution. Ces adversaires, pensant que l'on reculera devant l'immen-
sité de l'œuvre et les dépenses relativement élevées qu'elle entraînera, disent en effet que le canal de jonction ne sera pratique que
si l'on fait résolument un canal latéral allant jusqu'à Lyon. Mais
ils ne réclament pas le canal latéral au Rhône, comme nous le
demandons, c'est-à-dire en véritables défenseurs des intérêts de
Marseille, avec la conviction qu'il peut et doit se faire, pour con-
courir avec le canal de jonction au salut commercial de notre
ville; ils le demandent étant persuadés de son impossibilité, avec
une conviction opposée à la nôtre, pensant que jamais on n'osera
entreprendre un travail aussi considérable, et ils espèrent par
suite que le canal de jonction, jugé alors comme une œuvre inutile,
ne sera jamais commencé et passera au rang des projets avortés.

Comme le dit si bien M. Thierry, dans son remarquable rapport
sur le budget du Commerce, « le canal de Marseille au Rhône,
« n'est-il pas au contraire le meilleur acheminement que l'on
« puisse trouver vers la réalisation de l'idée du canal latéral (1). »
C'est ainsi du reste que l'ont compris les Membres du Congrès
des Chambres de Commerce de Lyon, en adoptant d'abord la
motion de M. Prat-Noilly, vice-président de notre Chambre de
Commerce, relative au canal de jonction, ensuite celle de M. Pavin
de Lafarge sur la création du canal latéral. La question a donc
été nettement définie. Le canal de jonction d'abord, le canal
latéral ensuite.

La plupart des Chambres de Commerce de la région ont fait
de même; consultées par circulaire ministérielle du 2 décembre
dernier sur le canal de jonction du Rhône à Marseille, elles ont
émis premièrement un vœu favorable pour la prompte mise en
œuvre du canal de jonction et subsidiairement un vœu en
faveur du canal latéral. La Chambre de Commerce de Valence a
notamment, dans sa séance du 30 décembre, après lecture d'un
fort intéressant rapport de son vice-président, M. Fabre, exprimé
très clairement son sentiment par le vœu suivant :

« La Chambre de Commerce de Valence émet sur le projet de
« jonction du Rhône à Marseille desservant Port-de-Bouc un avis
« entièrement favorable. »

(1) Voir le rapport de M. Thierry, député, sur le budget du Commerce, p. 60.

« Et subsdiairement, exprime le désir :

« 1° Que le raccordement avec le Rhône ait lieu à Arles en élar-
« gissant le canal actuel de Port-de-Bouc à Arles, plutôt qu'à Bras-
« Mort, afin d'éviter à la navigation des petits bateaux, péniches,
« bourguignonnes et autres, le passage difficile et dangereux par
« le grand bras du fleuve ;

« 2° Que le Gouvernement fasse étudier à bref délai le prolon-
« gement entre Arles et Lyon du canal de Marseille au Rhône. »

Egalement la Chambre de Commerce d'Aubenas, répondant à la même circulaire Ministérielle, a émis le vœu suivant :

« La Chambre de Commerce d'Aubenas émet le vœu que le
« canal de Marseille au Rhône soit exécuté dans le plus bref délai
« possible, et que ce canal soit prolongé latéralement au fleuve
« jusqu'à Lyon. »

La Chambre de Commerce de St-Etienne dans sa séance du 19 décembre 1899 a aussi émis un vœu entièrement favorable demandant l'approbation dans le plus bref délai du projet de loi déposé par le Gouvernement sur la jonction de Marseille au Rhône, mais elle ajoute :

« On ne perdra pas de vue que les avantages du Canal de Mar-
« seille au Rhône ne seront pleinement acquis pour la région
« Stephanoise qu'avec le Canal de Givors à Roanne. » Or le Canal de Givors à Roanne ne peut être pratique qu'avec un Canal latéral au Rhône.

Enfin la Chambre de Commerce de Lyon, dans sa séance du 7 décembre, a reconnu l'utilité du Canal de jonction du Rhône à Marseille, et a émis aussi un vœu favorable à la question en adop- tant les conclusions de son rapporteur qui disait: « Cette année
« la conférence des Chambres de Commerce du Sud-Est a de
« nouveau reconnu l'urgence du Canal de Marseille au Rhône et
« en a renvoyé l'étude à l'Office de renseignements. A cette même
« conférence a été agitée la question d'un Canal latéral au Rhône
« dont l'étude a été renvoyée au même Office. Mais quelle que soit
« la suite donnée à ce dernier projet, qui entraînerait d'énormes
« dépenses, la nécessité du Canal de Marseille au Rhône reste la
« même, et puisque les études sont faites, les moyens financiers
« trouvés, *c'est par lui qu'il faut commencer.* »

Si l'on rapproche cette délibération de celle que suscita à la même Chambre de Commerce, dans sa séance du 22 février 1882, la même question de jonction de Marseille au Rhône, on se demandera, si ce n'est pas, sans que cela paraisse, à l'idée seule de la création plus ou moins éloignée d'un Canal latéral, auquel on ne songeait pas alors, que l'on doit un tel revirement dans l'esprit supérieurement pratique des Lyonnais.

En effet, le 22 février 1882, la Chambre de Commerce de Lyon, présidée par M. Sevène, après lecture d'un rapport présenté par M. Duc, qui indiquait :

« 1° Que les voies actuelles de communication étaient suffisantes. »

« 2° Que la nouvelle route à créer ne donnerait à la batellerie, ni célérité, ni régularité, ni économie. »

« 3° Que notamment il faudrait plus de temps pour aller de Marseille à Arles par le nouveau Canal que par la mer et Saint-Louis. »

Emit à l'unanimité le vœu : « Que la construction du Canal direct *du Rhône à Marseille n'est pas justifiée.* »

Il découle de tout ceci, que l'idée du Canal latéral du Rhône a au contraire amené bien des partisans à la création du Canal de jonction et par suite que le projet du premier contribuera pour beaucoup à l'exécution du second. Il ne peut en être autrement, car les deux œuvres loin de se nuire, se complètent. Il est évident en effet, que les avantages du Canal de jonction ressortiront plus pleinement encore et que les services qu'il rendra seront aussi beaucoup plus efficaces, quand il se soudera au Canal latéral. Et ce dernier n'aurait pas raison d'être si le Canal du Rhône à Marseille n'existait pas. De ces deux œuvres commençons par édifier la plus facile, la plus mûre, celle dont les études sont déjà faites, le plan arrêté, le côté financier assuré, celle qui, prête à entrer dans la période d'exécution, n'attend plus que ce premier coup de pioche que nous saluerons tous avec un véritable sentiment de joie, le cœur rempli d'espérance. Puis songeons sérieusement à l'autre qui est son complément, travaillons dès aujourd'hui énergiquement à mettre en action tous les moyens susceptibles d'amener sa réalisation. En un mot faisons pour le Canal latéral ce que nos devanciers ont fait pour le Canal de jonction, étudions-le, apprenons au public combien il est nécessaire, quels immenses services il rendra à notre commerce et à notre industrie menacés, quels avantages il présentera pour Marseille. Vulgarisons son idée et demandons de toutes nos forces que les autorités et les corps constitués au-dessus de nous et à qui incombe la charge des destinées économiques de notre Pays se préoccupent sans plus tarder de sa prompte exécution.

Le Canal latéral et le P.-L.-M.

Dans sa brochure sur le Canal du Rhône à Marseille, M. Jules Charles-Roux nous indique les conséquences néfastes qu'a eu pour Marseille le percement des tunnels des Alpes détournant vers Gênes la plus grande partie du trafic qui nous était destiné.

Ce fait économique est évident et le tableau suivant sur les mouvements des ports de Gênes et de Marseille pendant ces dernières années, le traduit en chiffres irréfutables.

PORTS		1880	1890	1898	AUGMENTATION 0/0
Marseille.	Jauge .	7.602.647	9.702.951	11.993.492	57.75
	Poids..	3.940.533	4.794.424	5.595.647	42 »
Gênes....	Jauge .	3.751.000	6.618.000	9.025.152	140 »
	Poids..	1.111.000	2.467.000	3.271.518	186 »

Dès 1886, M. Lockroy, alors Ministre du Commerce, ému des suites fâcheuses que pouvait avoir pour la France le percement du Saint-Gothard, chargea M. Edmond Théry de faire une enquête sur les voies et moyens pouvant remédier à cette situation nquiétante.

M. Théry trouva que les trois nations qui avaient contribué au percement du Saint-Gothard avaient bien atteint le but qu'elles poursuivaient : l'amoindrissement commercial de la France ; et que, de 1881 à 1884, le mouvement du commerce italien avait augmenté de 18 0/0 avec la Suisse ; de 63 0/0 avec l'Allemagne ; de 19 0/0 avec la Belgique ; tandis qu'avec la France, il avait diminué de 22 0/0.

Dans cette même période, les exportations de la Suisse en Italie avaient progressé de 102 0/0 ; et celles de l'Allemagne de 66 0/0 en Italie et de 72 0/0 en Espagne, viâ Gênes ; tout cela au plus grand détriment du commerce français et plus particulièrement de Marseille.

Pour M. Théry, le premier palliatif à cette situation, qui depuis 1884 n'a fait que s'aggraver, était l'absolue nécessité d'abréger la route française du Nord à la Méditerranée en rectifiant les voies ferrées se dirigeant vers Marseille, de façon, en diminuant les parcours, à réduire aussi les tarifs. Puis, dans un deuxième rapport, il indiqua nettement que le seul moyen qui restait à la France pour prendre une éclatante revanche économique sur ses rivaux, annulant les effets des tunnels des Alpes, consistait dans l'amélioration de la navigation du Rhône et dans la construction d'un canal reliant Marseille à ce fleuve ; solution qui pouvait « lui donner la prépondérance éternelle de son commerce et de sa marine dans la Méditerranée. »

Les deux solutions proposées par M. Théry concourant au même but sont étroitement liées par bien des points de connexité et l'on peut bien dire que de la réalisation de la seconde dépend la bonne fin de la première.

Le canal de jonction du Rhône à Marseille et les conclusions auxquelles vont aboutir notre travail répondent pleinement quoique bien tardivement (¹) à la deuxième solution proposée par M. Théry. Mais l'insuffisance de la voie ferrée unique qui dessert Marseille et l'élévation de ses tarifs ainsi que la défectuosité de ses parcours, sont restées ce qu'elles étaient à l'époque où M. Théry faisait son rapport, si elles ne se sont pas accrues depuis.

Le Congrès des Chambres de Commerce du Sud-Est a encore tout récemment nettement démontré (²) :

1° L'insuffisance du matériel de la Cⁱᵉ P.-L.-M. en la justifiant par des tableaux comparatifs avec le matériel des chemins de fer Anglais et Allemands (³) ;

2° L'insuffisance des gares et des lignes (⁴);

3° La trop grande complication de ses tarifs (⁵), qui ne correspondent pas aux besoins du commerce (⁶);

4° La nécessité d'abréger les délais de transport (⁷) ;

5° La nécessité de baisser certains tarifs (⁸).

Les justes revendications du Congrès de Lyon ont amené une réponse de M. Noblemaire qui, reconnaissant cependant que quelques-unes des critiques formulées étaient justifiées, comme par exemple l'insuffisance des lignes et des gares, cherche à réfuter la plus grande partie des autres. Il est évident que les intérêts de la Grande Compagnie que dirige M. Noblemaire sont souvent opposés aux intérêts généraux du commerce et de l'industrie, et que plus particulièrement Marseille qui est à l'extrémité du réseau, *sans aucun autre moyen de transport* pour son trafic

---

(1) Le rapport de M. Théry date de 1888
(2) Conférences des Chambres de Commerce du Sud-Est-Lyon 1899. A. Rey, imprimeur, 4, rue Gentil.
(3) Voir le compte rendu des conférences, pages 43, 44 et 240.
(4) Voir pages 11 et 232.
(5) Voir page 55.
(6) Voir pages 46, 52 et 53.
(7) Voir pages 45 et 241.
(8) Voir pages 170 à 176, 190-246-257 à 264.

se trouve plus que toute autre ville à la merci des exigences et des tarifs du P.-L.-M.

Le canal de jonction et le canal latéral au Rhône auront pour premier résultat de remédier aux exigences du P.-L.-M. et à son insuffisance. C'est bien ce que M. Noblemaire semble craindre et tant dans l'éloquent discours qu'il a prononcé à Lyon au banquet de la Société d'Economie Politique le 25 avril 1898, que dans sa note en réponse aux revendications du Congrès des Chambres de Commerce, il se montre peu partisan des canaux projetés.

Dans le premier de ces deux documents, après avoir, d'une façon générale, traité les canaux, il est vrai non d'ennemis, mais bien de rivaux, et après nous avoir assuré qu'actuellement, au point de vue de la navigation, tout était pour le mieux sur le meilleur des Rhônes, il nous dit en parlant des promoteurs de l'idée du canal de Marseille au Rhône :

« Ils insistaient spécialement, exclusivement, pourrait-on dire,
« sur l'avantage qu'en pouvait tirer Marseille dans sa lutte éter-
« nelle contre Gênes, au point de vue, en particulier, de l'introduc-
« tion en Suisse des blés de la mer Noire. Or, c'est là assurément
« une grosse illusion, car si le Rhône est devenu navigable, dans
« les conditions remarquables que vous savez, de son embouchure
« jusqu'à Lyon, il ne l'est pas, pas encore du moins, entre Lyon et
« Genève, et les taxes de transport par voie ferrée sur cette
« section, s'ajoutant au fret, aussi réduit qu'on voudra le suppo-
« ser, de Marseille à Lyon par voie d'eau, formeraient un total
« assurément supérieur à la taxe du tarif différentiel actuellement
« appliqué par toute voie de fer, de Marseille à Genève ».

Dans sa note nous relevons les mots suivants qui la terminent :

« On se fait de graves illusions sur l'utilité du canal de Mar-
« seille au Rhône, au point de vue des facilités qu'il donnerait à
« Marseille pour lutter contre la concurrence de Gênes. »

Ces paroles de l'éminent Directeur du P.-L.-M. ne laissent aucun doute sur ses sentiments à l'égard du canal de jonction et du canal latéral. C'est là revenir à ce vieux préjugé qui consiste à croire que les transports par chemin de fer et par canaux doivent être forcément rivaux, et sous l'empire duquel les Compagnies de chemin de fer ont toujours fait une guerre de tarifs aux canaux, afin d'en neutraliser les avantages.

M. Thierry, dans son lumineux rapport sur le budget du Commerce, met les choses au point, en disant à ce sujet que « ce n'est
« pas ainsi que la question doit être entendue ; la prospérité du
« pays doit être demandée à une intelligente connexité de tous les
« moyens de transports, et il est injuste que les abaissements de

« tarifs interviennent, non pas pour rejoindre le cabotage et la bat-
« tellerie, mais pour les exproprier. Cela est d'autant plus injuste
« qu'il en résulte une différence très lourde à la charge de la mar-
« chandise dans les directions où la voie fluviale n'est pas à crain-
« dre. Quel progrès immense si, au contraire, l'ensemble de ces
« abaissements de tarifs était réparti de façon à permettre à la
« marchandise, d'une part d'atteindre et d'utiliser la voie d'eau et
« d'autre part de voyager à meilleur compte là où elle ne peut dis-
« poser que de voies ferrées. Que l'on ne nous objecte pas qu'en
« raisonnant ainsi nous sacrifions entièrement l'intérêt des Compa-
« gnies à celui du public, nul n'ignore que d'intelligentes diminu-
« tions de tarif créent de nouveaux mouvements et des augmenta-
« tions de trafic. Il s'agit de savoir si les administrations des
« Compagnies veulent s'attarder dans une prospérité trompeuse
« ou faire face à la concurrence étrangère, en assurant à la fois
« l'existence nationale et les bénéfices qu'elles seraient appe-
« lées à recueillir dans l'avenir. »

Et plus loin :

« On a augmenté et amélioré les canaux du Nord et de l'Est de
« la France et, bien qu'ils soient exploités dans des conditions très
« primitives, le mouvement de la marchandise s'est accru et
« l'exploitation fluviale n'a pas nui à la prospérité de la Compagnie
« des Chemins de fer. Il ne faut pas que notre régime général des
« canaux soit entravé, ni qu'il converge comme dans le Nord, l'Est
« et le Centre vers la Belgique et l'Allemagne, au lieu de se diriger
« vers nos ports et de leur apporter les frets de sortie qui man-
« quent à notre marine marchande. »

N'est-ce pas là voir admirablement la question sous son véritable côté et répondre victorieusement aux objections de la
Compagnie du P.-L.-M. Nous pouvons lui prouver aussi que les
craintes qu'elle pourrait avoir sont vaines et nullement fondées.

Le tonnage à distance entière des marchandises qui longent
actuellement la vallée du Rhône arrive au total approximatif de
quatre millions de tonnes, sur lequel 7 pour 100 seulement
empruntent la voie d'eau.

Or, pour ce trafic, le P.-L.-M. étant déjà insuffisant, nous nous
demandons ce qu'il adviendrait, si par suite de la création d'une
zone franche ou d'une modification dans le régime de protection
que nous subissons, le mouvement commercial de Marseille venait
à augmenter progressivement comme celui de Hambourg, Anvers
où Gênes.

C'est alors que ce défaut de suffisance serait encore plus évident et que nous ressentirions davantage combien le P.-L.-M. est une véritable barrière à notre prospérité.

Et même en admettant seulement l'éventualité d'une mauvaise récolte en France, nous n'envisagerons pas sans effroi l'impossibilité dans laquelle se trouverait le P.-L -M. pour transporter utilement vers les différents points auxquels ils seraient destinés les blés arrivant à Marseille.

Au contraire le P.-L.-M. débarrassé de certaines marchandises encombrantes pourrait avantageusement récupérer dans l'accroissement du développement commercial de Marseille, la part de trafic que lui enlèveraient le Canal de jonction et le Canal latéral. Il profiterait, peut-être un des premiers, de la prospérité nouvelle qu'apporterait à notre ville la création de ces canaux qui seront pour lui non pas des rivaux, mais bien des auxillaires puissants.

Voici du reste des exemples édifiants sur la prospérité réciproque des chemins de fer et des canaux.

En Belgique, les chemins de fer n'ont cessé de progresser en même temps que les voies fluviales se sont développées.

Les tableaux suivants (1) le montrent mieux que tous les exposés :

	LIGNES EXPLOITÉES		Développement total du réseau belge	Augmentation par période décennale
PÉRIODES	par l'Etat	par les Compagnies		
	MÈTRES	MÈTRES	MÈTRES	MÈTRES
Au 31 décembre 1840	333.803	32.300	336.103	. . . . . .
— 1850	624.219	373 000	897.219	531.116
— 1860	748.606	980.770	1.729.376	832.157
— 1870	868.682	2 028.310	2.896.992	1.167.616
— 1880	2.791.514	1.320.392	4.119.906	1.214 914
— 1890	3.209.000	1.261.000	4.470.000	350.094
— 1895	3.321.000	1.482.000	4.803.000	333.000

DÉVELOPPEMENT DU RÉSEAU DES VOIES NAVIGABLES

		Augmentation
1820-1830	1.518.444 mètres	
1830-1840	1.707.120 —	88.676 mètres
1840-1850	1 818.529 —	111.409 —
1850-1860	1.919.731 —	101 202 —
1860-1870	1.976.011 —	56.280 —
1870-1880	2.022.919 —	46.908 —
1880-1890	2.036.719 —	13.800 —
1890-1893	2.205.103 —	28.020 —

(1) Tableaux empruntés au rapport de M. Thierry, député, sur le budget du commerce.

Nous trouvons également en Allemagne, la même preuve évidente des progrès simultanés du trafic par chemin de fer et par voie fluviale, dans le mouvement ascensionnel des transports des neuf villes suivantes : Kœnigsberg, Breslau, Berlin, Hambourg, Cologne, Duisburg, Mannheim, Ludwigshafen, Francfort sur le Mein. Dans 13 années, soit de 1880 à 1893, le trafic total de ces neuf villes a progressé de 17.473.087 tx. à 20.451.641 tx. pour les transports par chemin de fer et de 8.248.306 tx. à 16.960.316 tx. pour les transports par voies fluviales.

Le fait économique que ces chiffres révèlent sera rendu plus sensible encore par le graphique suivant que nous empruntons au beau travail de M. Laffitte sur la Navigation intérieure Allemande, et duquel il résulte que les chemins de fer allemands sont tour à tour allégés et alimentés par la batellerie dans des ports spéciaux de transbordement, où la voie ferrée se soude à la voie fluviale. Au lieu d'arrêter le mouvement, les chemins de fer allemands y sont courageusement entrés ; ils font des recettes dont les excédents se chiffrèrent, année moyenne, pour les deux derniers exercices, par cent onze millions de francs (1).

En Amérique enfin, voici comment l'ingénieur Mac Alpine comprend les rapports des transports par eau et des transports par voies ferrées.

« L'expérience démontre qu'il faudra toujours cinq chemins de
« fer pour transporter le tonnage d'un canal et que l'activité de la
« navigation sur le canal amènera un développement de transit
« suffisant pour alimenter à ses côtés plusieurs voies ferrées. La
« voie d'eau effectuera le transport des matériaux et des produits
« encombrants que la voie ferrée ne pourra prendre à un taux assez
« bas ; celle-ci monopolisera les produits manufacturés et les
« objets divers nécessitant une rapidité qu'on ne peut rencontrer
« sur les canaux. »

Il ressort de tout ce qui précède que le P. L. M. trouverait des compensations sérieuses et rémunératrices dans la création du Canal latéral du Rhône et peut-être même un moyen avantageux de traction pour ses vagons, en utilisant une partie des forces motrices du Rhône.

Nous ne voyons donc pas pourquoi, nous aurions en lui un adversaire du projet que nous défendons.

---

(1) Voir ci-contre le graphique.

**Ce que devra être le
Canal latéral au Rhône**

Nous croyons avoir suffisamment démontré la nécessité d'un
Canal latéral au Rhône, complément et couronnement du Canal de
Marseille à Arles, indispensable et précieux auxiliaire des voies
ferrées de la compagnie du P. L. M. Il nous reste maintenant
à indiquer comment nous comprenons ce canal.

Nous ne discuterons pas cependant le côté technique ou financier des différents projets auxquels son idée a donné naissance.
Nous n'avons ni la compétence voulue, ni les qualités nécessaires
pour cela. L'appréciation de ces projets, leur exécution maté-
rielle, incombe aux ingénieurs et aux spécialistes qui peuvent
seuls nous dire quel sera le tracé le plus pratique et le devis le
plus économique. C'est à eux à faire les recherches nécessaires
pour tirer le meilleur parti des avantages que la nature peut
leur offrir.

Notre rôle se borne, après avoir fait ressortir la nécessité du
canal latéral et démontré les avantages qu'en retirerait Marseille,
à demander purement et simplement, mais énergiquement,
au nom de notre Commerce et de notre Industrie menacés,
la création du canal latéral au Rhône, comme nous avons
demandé déjà celles du canal de jonction et d'une zone franche.

Toutefois, nous indiquerons pour qu'il réponde exactement à
l'idée que nous nous en faisons, qu'il faut :

1° Que ce canal soit avant tout un canal de navigation pratique
et facile, permettant à la batellerie grande et petite de naviguer
librement tant à la remonte qu'à la descente et sans rompre
charge depuis Marseille jusqu'au Nord ;

2° Que subsidiairement le canal à créer puisse servir, tant à
l'irrigation de la vallée du Rhône que pour les besoins de l'industrie et de la traction par une intelligente utilisation de la force
produite.

Utilisation Agricole.

Nous basant sur cette appréciation de M. Philippe, directeur du
service de l'hydraulique au Ministère de l'Agriculture : « En
« dehors de leur principal objectif, les voies de navigation peu-
« vent être utilisées à titre accessoire pour l'amélioration agri-
« cole du territoire qu'elles traversent. »

Nous estimons que l'Agriculture devrait aussi retirer sa part
des avantages du canal à créer. Par un système d'irrigation bien
compris, on pourrait en effet rendre plus fertile encore cette
merveilleuse vallée du Rhône et faire connaître les bienfaits de
l'arrosage aux garrigues ensoleillées de l'Ardèche, du Gard et
de l'Hérault.

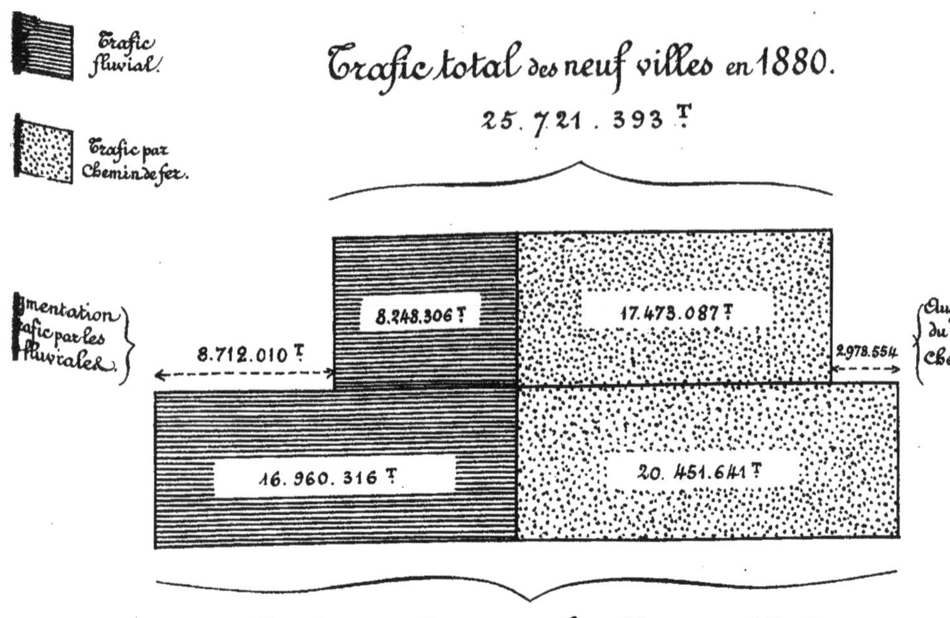

Graphique emprunté à l'ouvrage de Mr. Laffitte, sur la navigation intérieure en Allemagne.

Les travaux de MM. Souleyre et Denèfle comportent chacun un intéressant projet d'irrigation.

M. Denèfle notamment emprunte à l'Isère l'eau nécessaire à l'arrosage et au moyen d'une division intelligemment établie à Donzère, il envoie par un syphon sous le Rhône l'eau destinée au pays de la rive droite. Procédé qui permettrait l'irrigation, l'eau prise à l'Isère étant restituée à Donzère, sans modifier le niveau du Rhône; ce qui de tout temps a été la crainte de certains riverains et des Lyonnais, et explique l'opposition qu'ils n'ont cessé de faire à la création de canaux d'irrigation à dériver du Rhône.

Utilisation Industrielle — Les avantages à retirer du canal latéral seraient peut-être plus considérables encore au point de vue industriel. M. Auguste Pavin de Lafarge nous dit dans son premier rapport : « Le « Rhône doit encore contribuer à la prospérité du pays comme « source d'énergie, car la force motrice qu'il peut donner au kilo- « mètre est plus considérable que sur n'importe quel fleuve Euro- « péen. Il doit nécessairement devenir une puissante voie naviga- « ble et une longue rue d'usines ».

Cependant, nous ferons certaines réserves à ce sujet : non pas en nous plaçant au même point de vue que M. Coignet dans son rapport au Congrès de Lyon, rapport dont les conclusions pouvaient faire hésiter sur le vrai sens de la question; mais bien parce que désirant, avant tout, un canal de navigation, nous ne voulons pas que la dépense qu'il occasionnerait soit augmentée dans une trop large mesure, par les travaux qu'exigerait la production d'une trop grande quantité de force.

L'honorable vice-Président de la Chambre de Commerce de Lyon, concluait en effet : « Que le prix de revient de la force « hydraulique, très en dessous du prix de revient de la force de la « machine à vapeur dans les montagnes, arrive à l'égaler et même « à la dépasser dans la région moyenne du Rhône, dès qu'on « n'envisage plus l'utilisation continue des 24 heures de la force ».

Et par une série de calculs, basés sur les rendements du canal de Jonage, il arrivait au prix de revient suivant :

270 francs pour le cheval an électrique, 253 fr. 16 pour le cheval an vapeur.

Mais tout cela n'est exact qu'à la condition de prendre comme point de comparaison les résultats obtenus au canal de Jonage. Or, nous savons tous que cette entreprise qui aurait pu rendre de si grands services à l'industrie Lyonnaise, a été malheureusement grevée, dès ses débuts, d'immobilisations importantes causées par des travaux supplémentaires et imprévus, circonstance fâcheuse qui a pesé lourdement sur le prix de revient de la force produite. De plus le canal de Jonage étant uniquement destiné à la production de la force, les capitaux engagés dans sa création ne peuvent trouver leur rémunération que dans la seule vente de cette force. Ce qui n'aurait pas lieu pour le canal latéral au Rhône ; ce dernier devant être avant tout un canal de navigation, la force qu'il produirait subsidiairement pourrait être considérée comme un véritable sous-produit vendu dans des conditions exceptionnelles.

Aussi nous n'envisagerons ici l'utilisation industrielle des forces du Rhône, que comme une question tout à fait secondaire ; nous estimons que cette utilisation ne doit se faire qu'à la condition qu'on ne soit obligé de donner au canal projeté, pour augmenter la puissance des chutes, ni une section trop grande, ni des écluses trop profondes, ce qui serait non seulement beaucoup plus coûteux, mais encore préjudiciable à la sécurité et à la rapidité de la navigation.

III

La navigation intérieure en Allemagne.

On ne se fait pas en France, une idée suffisamment exacte des progrès réalisés en Allemagne par la navigation intérieure. Ces progrès sont si considérables et exercent une influence salutaire telle sur le régime économique du pays, que nous ne voulons pas terminer notre étude sans vous les faire connaitre, pensant que vous trouverez dans leur examen, si rapide soit-il, une source de précieux exemples et d'utiles enseignements.

C'est après la guerre de 1870-71, que le Gouvernement Allemand se préoccupa d'augmenter ses canaux et d'améliorer ses fleuves et ses rivières pour les rendre navigables. Un premier plan fut alors conçu, comprenant tout un système de voies navigables reliant entre eux et les ports, les principaux centres de production et de consommation.

Premier plan.

Amélioration des fleuves.

Ce plan comportait (¹) :

1° L'amélioration de la *Memel*, nom que prend le *Niémen* en entrant en Allemagne, dont les travaux durèrent jusqu'à 1880 et coutèrent 6.500.000 marks ;

2° *Le canal de Tapiau à Kœnigsberg* achevé également en 1880 et dont la dépense arriva à 12.300.000 marks ;

3° D'importants travaux d'amélioration sur *la Vistule* exécutés de 1884 à 1898 et évalués à 42.000.000 marks ;

4° De grands travaux d'amélioration et de canalisation, qui dépassèrent 1.000.000 de marks, pour l'*Oder* et ses deux affluents *la Warthe* et la *Netze*. L'*Oder* est une des voies fluviales les plus importantes de l'Allemagne, car par le *canal Frédéric-Guillaume* ce fleuve est relié à *la Sprée* et par le *canal de Bromberg* il rejoint *la Vistule*.

5° L'amélioration de l'*Elbe* avec plus de 106.000.000 de marks de dépenses et celle de ses deux affluents *la Saale* et *le Havel*, c'est dans ce dernier que se jette *la Sprée*, qui coûtèrent l'une 4.500.000 marks et l'autre 37.000.000 de marks ;

6° Plus de 5.800.000 marks de dépenses pour *la Weser* ;

7° Un canal latéral *à l'Ems* et le *canal de jonction de Dortmund* à l'*Ems*, entreprises qui sont à peine terminées et qui arriveront à près de 80.000.000 de marks ;

8° Les travaux d'amélioration du *Rhin* pour 31.400.000 marks et de ses affluents :

A. *Moselle et Sarre* pour 7.155.000 marks.

B. *Le Main* qui a été canalisé de Francfort à Mayence, moyennant une dépense de 5.500.000 marks. En 1860 il avait déjà été dépensé sur le *Rhin* près de 18.000.000 de marks.

---

(1) Nous avons puisé la plupart des renseignements qui vont suivre dans l'important ouvrage de M. Louis Laffitte. « Etude sur la navigation intérieure en Allemagne » édité à Nantes par les soins de la Société « La Loire navigable ».

L'on voit que nos voisins n'hésitent pas à faire de gros sacrifices financiers pour se créer des voies de communication économiques et faciles. Sans parler de l'Allemagne, où à cause des budgets respectifs de chaque Etat les travaux et les dépenses sont très difficiles à évaluer exactement, pour le Royaume de Prusse seul, le budget des dépenses d'amélioration des voies d'eau et de construction de canaux se chiffre par :

192.610.000 marks de 1881 à 1890 et 57.074.000 marks de 1891 à 1897. Soit au total 249.684.000 marks pour 16 années.

Plan de 1879. Grand Projet. Les fleuves et les rivières étaient améliorées ou en cours d'amélioration, quand en 1879 un nouveau plan comprenant tout un réseau de canaux fut élaboré.

Le voici dans ses grandes lignes :

Ligne A Canal de jonction de l'E à W.
    I. Canal du Rhin à la Meuse.
    II. Canal du Rhin à la Weser et à l'Elbe.
    III. Amélioration de la route fluviale de Berlin,
    IV. Canal de l'Oder à la Sprée.

Ligne B Canal de jonction du S. au N.
    V. Canal de l'Elbe à la Sprée.
    VI. Dérivation du canal de l'Oder à la Sprée.

Canaux du Nord de la ligne A.
    VII. Canal de la mer du Nord à la Baltique.
    VIII. Canal de l'Elbe à la Trave.
    IX. Canal de Rostock à Berlin.

Canaux du Sud de la ligne B.
    X. Canalisation du Main.
    XI. Canal de Leipzig à l'Elbe.
    XII. Canal du Danube à l'Oder. — Canal latéral de l'Oder.

La première partie de ce plan qu'on appela le Grand Projet, consistait à construire un système de voies fluviales servant de jonction aux fleuves de la plaine du nord de l'Allemagne ; la seconde partie était destinée à rapprocher l'Allemagne centrale de la mer Baltique. Pour que son exécution soit entièrement terminée, il ne reste plus à construire que les canaux du Rhin à la Meuse, du Rhin à l'Elbe (Mitteland Kanal) de Leipzig à l'Elbe et du Danube à l'Oder.

L'œuvre la plus considérable de tout le système est sans contredit le *Mitteland Kanal* ou *Canal Central*. Sa construction paraît être très prochaine. Il est destiné à opérer la jonction du Rhin, de l'Ems, de la Weser et de l'Elbe au moyen d'une voie navigable de 475 kilomètres de long et accessible aux bateaux de 600 tx. Le *Mitteland Kanal* desservira la Westphalie, le Hanovre, le Brunswick et la Basse Saxe et coûtera 261 millions de marks soit 326.250.000 francs.

L'Allemagne attend les meilleurs résultats économiques de cette belle entreprise.

A mesure que le "Grand Projet" se réalisait, de nouveaux projets de canaux apparaissaient encore pour le compléter et l'améliorer.

Nous allons les passer rapidement en revue en les divisant en trois sections :

1° **Canaux du Nord**. — Ces canaux sont appelés avec le Mitteland Kanal, à étendre les zones commerciales des ports de la Baltique et à pourvoir à l'approvisionnement de Berlin et de ses environs.

Parmi eux nous voyons : le *Canal de Kiel à l'Elbe*, le *Canal de Wismar* reliant l'Elbe à la Baltique, le *Canal de Berlin à Stettin*, le *Canal de Schwedt à la Sprée*, le *Canal Masurique*, etc., etc.

2° **Canaux du Centre**. — Ces canaux sont destinés à donner aux régions industrielles de la Thuringe et de la Saxe un accès direct sur l'Elbe et à rapprocher de l'Oder les pays baignés par la Vistule.

Nous trouvons dans cette région les canaux de *Leipzig à l'Elbe*, dont le coût dépassera 115 millions 1/2 de marks. La réfection du *Canal de Bromberg* et la construction du *Canal de Tchicherzig à Obergorzig* sur l'Obra.

3° **Canaux du Sud**. — Ils peuvent se diviser en deux : 1° les canaux Allemands; 2° les canaux Internationaux.

Parmi les premiers, nous citerons *Le Canal Louis* en Bavière qui coûtera 60 millions de marks. *Le Canal du Main à la Weser*, l'amélioration *du Danube Bavarois*, *le canal de jonction du Neckar au Danube*, *le canal du lac de Constance au Danube*, *les canaux de Bâle à Mulhouse* et *de l'Oder à l'Elbe*.

Dans les seconds, destinés à relier l'Elbe et l'Oder au Danube, c'est-à-dire les ports du Nord à la mer Noire, nous trouvons *le Canal du Danube à l'Oder* et le *Donau-Moldau-Elbe-Kanal* qui reliera le Danube à l'Elbe. Ce dernier projet comporterait une dépense de 247 millions de marks. Sa réalisation pourrait avoir des conséquences économiques considérables, elle abrègerait de 3779 kil. la route d'Hambourg à Sulina, soit de 55 0/0 et de 2811 kil. le chemin d'Hambourg à Constantinople, soit de 41 0/0.

En 1898 l'Allemagne possédait 13.925 kil. de voies navigables. En 1900 elle en aura 15.199 kilomètres.

Pour nous rendre exactement compte de la rapidité des progrès réalisés par nos voisins, nous ajouterons qu'il y a 25 ans aucune des voies fluviales de l'Allemagne n'était utilisable pour des bateaux de plus de 300 tx. à l'exception du Rhin sur lequel ils pouvaient naviguer librement ; de la Weser sur laquelle ils arrivaient jusqu'à Brême et de l'Elbe où ils ne dépassaient pas Hambourg.

Aujourd'hui, par contre, le Main de Francfort à Mayence, l'Elbe depuis l'Autriche, l'Oder depuis Cosel, sont tous praticables pour des bateaux de 400 tonneaux. Les bateaux de 350 tonneaux remontent la Weser jusqu'à Münden, ceux de 325 tonneaux la Saale jusqu'à Haale, ceux de 300 tonneaux la Vistule depuis Dantzig à la Russie, et sur le Rhin enfin, nous voyons naviguer des chalands allant jusqu'à 2.000 tonneaux.

Batellerie.

Ce merveilleux réseau de voies fluviales possède une batellerie admirablement organisée dont nous ne pouvons nous faire une idée quand nous voyons sur le Rhône la seule Compagnie de Navigation qui assume tout le trafic de ce fleuve.

En Allemagne, la batellerie comprend :

1º Les Compagnies par actions (Acktien Gesellschafften) qui sont au nombre de 46 ;

2º Les Compagnies dites à responsabilité limitée (Mitbeschrankter Haftung). On en compte 15.

Le capital total engagé par ces 61 sociétés représente une somme de près de 75 millions de francs (60,3 millions de marks), se répartissant ainsi :

Bassin du Rhin, 24.601.600 marks, dont 22 Compagnies pour la seule navigation du Rhin. Le capital de quelques-unes dépasse 2 millions de marks.

Bassin de l'Elbe, 15.014.248 marks, dont 11 Compagnies rien que pour l'Elbe. La plus importante " Die Kette " est au capital de 6.450.000 marks.

Bassin de l'Oder, 8.426.000 marks.

Bassin de la Weser, 7.262.000 marks.

Bassin de l'Ems, 2.154.000 marks.

Ces Compagnies possèdent chacune un nombre important de remorqueurs et de chalands et presque toutes donnent des dividendes variant de 1 0/0 jusqu'à 12 0/0 (la Compagnie des Remorqueurs réunis à Hambourg a distribué jusqu'à 30 0/0). Elles n'ont jamais cessé de perfectionner et d'augmenter la puissance de leur matériel, le mettant toujours en état de suivre utilement les développements et améliorations des voies fluviales.

Les deux tableaux suivants, nous révèlent l'accroissement de la flotte fluviale allemande perfectionnée ([1]).

ANNÉES	VAPEURS DE PLUS DE 10 Tx		
	Remorqueurs Nombre	A Marchandises Nombre	A Voyageurs Nombre
1887	229	127	449
1892	446	140	593
1897	677	184	686

ANNÉES	CHALANDS DE PLUS DE 100 Tx		
	Nombre	Tonnage Total	Tonnage Moyen
1887	19.168	2.049.413	107
1892	21.163	2.688.546	127
1897	20.360	4.266.087	160

Ces deux tableaux montrent, d'une façon bien claire, les conséquences qui résultent de l'amélioration des voies d'eau, à savoir : la transformation du matériel, et sa meilleure exploitation au point de vue économique.

Le nombre des chalands décroit de 1892 à 1897, mais leur tonnage augmente ; et bien que le tonnage moyen, qui est le quotient de la division du tonnage total par le nombre des bateaux, ne soit qu'un indice très imparfait de ce phénomène, il révèle néanmoins une augmentation moyenne de la capacité des bateaux de 50 0/0 en 10 ans.

Le nombre des remorqueurs, dans la dernière décade, a pres-

(1) Ces tableaux sont empruntés à l'ouvrage de M. Laffitte sur la navigation intérieure en Allemagne.

que triplé ; celui des vapeurs à marchandises a augmenté de 45 0/0 et celui des vapeurs pour le transport fluvial des voyageurs, de plus de 53 0/0.

A côté de ces Compagnies, il existe dans chaque bassin une nombreuse batellerie privée, soit organisée en *Syndicat de bateliers* (Verbande), soit en *Association de bateliers* (Vereine). On ne se doute pas de la puissante organisation de ces *Verbande* et *Vereine* et du rôle qu'elles jouent en Allemagne. Ainsi *Le Central Vereine,* dont le siège est à Berlin, compte dans son sein 4 corporations, 40 municipalités, 51 Chambres de commerce, 10 associations ou sociétés pour le développement des canaux, 66 sociétés par actions ou associations économiques. Elle a un journal hebdomadaire "Das Schiff" et une revue mensuelle "Zeitschrift fur Binnenschiffahrt ".

Les Vereines s'occupent aussi des intérêts généraux des bateliers, de leur instruction, et constituent pour eux de véritables sociétés de secours, de retraite et de solidarité.

Influence des développements de la Navigation intérieure sur la situation économique de l'Allemagne.
Le développement économique de l'Allemagne offre une corrélation intéressante avec l'accroissement de ses voies fluviales et l'augmentation de sa batellerie.

Ainsi, pour ne citer que quelques chiffres, nous voyons que de 1871 à 1897 la population de l'Allemagne a progressé de la façon suivante :

1871.......	40.997.000	habitants
1881.......	45.428.000	»
1891.......	49.462.000	»
1896.......	52.663.000	»

Le commerce extérieur a augmenté :

de 13 0/0 en valeur et de 37 0/0 en poids de 1872 à 1879.
de 17 0/0 en valeur et de 39 0/0 en poids de 1880 à 1888.
de 13 0/0 en valeur et de 38 0/0 en poids de 1889 à 1895.

Le tonnage du commerce général a passé de 1885 à 1896 de :

42.100.000 tx. à
69.200.000 tx.

soit une augmentation de 64 0/0.

Le mouvement total des ports a été en 1873 :

de 94.700 navires, capacité 12.300.000 tx.

En 1895 :

de 133.800 navires, capacité 30.500.000 tx.

Les mouvements de la batellerie sur l'Elbe et sur la Sprée, ont donné pour Hambourg et Berlin les progressions suivantes :

L'ELBE INFÉRIEURE — MOUVEMENT DE LA BATELLERIE A HAMBOURG

ANNÉES	Venant de la haute Elbe		Allant vers la haute Elbe		Mouvement total	
	Nombre des bateaux chargés.	Marchandises Tonnes	Nombre des bateaux chargés.	Marchandises Tonnes	Nombre des bateaux chargés.	Marchandises Tonnes
1846-50	3.605	208.000	3.473	250.000	7.078	458.000
1851-60	2.970	207.000	3.432	307 000	6.402	514.000
1861-70	4.040	307.000	3.989	341.000	8.029	648.000
1871-80	4.564	434.000	4 853	492.000	9.417	926.000
1881-90	8.626	1.282.000	8.398	1.216.000	17.024	2.498.000
1891-95	9.788	1.795.000	11.103	2.013.000	20.891	3.808.000
1896	9.784	2.071.000	13.166	2.969.000	22.950	5.040.000
1897	10.255	2.322.000	13.869	3.250.000	24.124	5.572.000

LA SPRÉE. — MOUVEMENT DE LA BATELLERIE A BERLIN A L'ENTRÉE SEULEMENT

ANNÉES	Marchandises entrant à Berlin par l'amont		Marchandises entrant à Berlin par l'aval		Total des Entrées	
	Nombre des bateaux chargés.	Marchandises Tonnes	Nombre des bateaux chargés.	Marchandises Tonnes	Nombre des bateaux chargés.	Marchandises Tonnes
1873-75	25.647	2.008.000	11.221	742.000	36.868	2.750.000
1876-80	25.146	2 215.000	9.655	733.000	34.801	2.948.000
1881-85	18.947	1.916.000	11.558	1.043.000	30.505	2.959.000
1886-90	21.992	2.594.000	13.704	1.556.000	35.696	4.150.000
1891	21.987	2.759.000	15.656	2.018.000	36.943	4.777.000
1892	17.896	2.332.000	14.418	1.900.000	32.314	4.232.000
1893	19.800	2.531.000	14.408	1 942.000	34.208	4.473.000
1894	19.774	2.715.000	12.736	2 715.000	32.510	4.535.000
1895	19.729	2.753.000	12.672	1.888.000	32.401	4.641.000
1896	20.203	2 914.000	11 552	1.882.000	31.755	4.796.000
1897	19.030	2.789.000	11.577	1.995.000	30.301	4.784.000

Il est aussi intéressant de comparer les accroissements et les diminutions de tonnages des flottes commerciales de la France et de l'Allemagne.

Cette comparaison nous démontre que le développement de la navigation intérieure en Allemagne est en rapport constant avec le développement de sa marine marchande et de ses constructions navales.

Nous empruntons aux remarquables travaux de M. Henry Estier, notre distingué président honoraire, membre de notre Chambre de Commerce et du Conseil supérieur de la Marine marchande, les graphiques suivants (¹) qui indiquent mieux que tout raisonnement l'influence salutaire que pourrait avoir sur le relèvement de notre marine marchande, l'augmentation et le perfectionnement du système de nos voies navigables.

Enfin, pour terminer cette étude des progrès réalisés en Allemagne dans la navigation fluviale, nous croyons intéressant de reproduire les quatre graphiques suivants (¹).

Ils expriment éloquemment l'augmentation générale du trafic fluvial, pour les trois années comparées de 1875, 1885 et 1895, soit pendant 20 ans :

1° Sur le Rhin, l'Elbe et l'Oder ;

2° Sur l'ensemble des six fleuves allemands, le Rhin, l'Elbe, l'Oder, la Weser, la Vistule et le Memel.

Voilà ce qui a été fait en Allemagne pendant ces trente dernières années. Nous, en France, qu'avons-nous fait pendant ce temps ? Rien, à peu près rien ; et cependant nous sommes plus privilégiés que nos voisins, tant par notre climat plus doux, supprimant presque les interruptions de navigation, que par la configuration géographique de notre pays, sillonné par la Loire, la Garonne, la Seine, la Marne, la Saône et le Rhône.

Pour mettre notre navigation intérieure au même niveau que la leur, sûrement moins d'efforts auraient été nécessaires. Il ne fallait pas surtout laisser si longtemps sans voie navigable, la vallée du Rhône naturellement indiquée pour la création d'un Canal reliant la Méditerranée aux autres voies navigables du pays.

Les conditions de navigabilité dans le bassin du Rhône, une fois le Canal latéral et le Canal de jonction construits, seraient bien plus avantageuses que dans les différents bassins des fleuves Allemands ; le climat y étant plus doux, les interruptions de navigation y seraient moins fréquentes, elles se rapprocheraient de celles du bassin du Rhin où la navigation n'est plus interrom_

(1) Voir ci-contre les graphiques

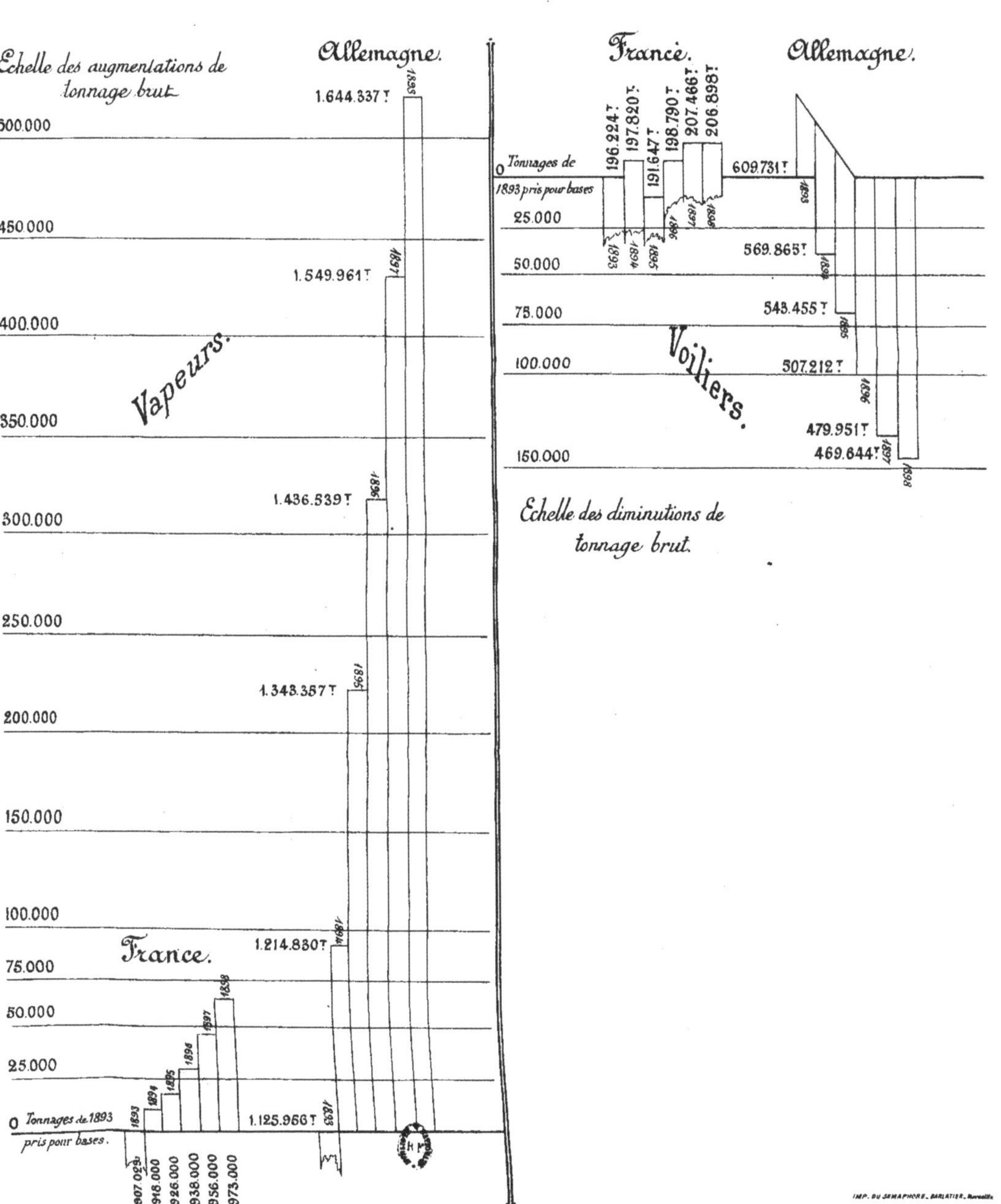

Tableau montrant les accroissements et les diminutions de tonnage des flottes de la France et de l'Allemagne en 1894, 1895, 1896, 1897 et 1898.

Les tonnages placés en regard des années, représentent le tonnage total en jauge brute de la flotte à vapeur de chacun des pays examinés.
Les chiffres de l'échelle, placés sur le côté, sont les tonneaux bruts d'augmentation ou de diminution.

Les tonnages placés en regard des années, représentent le tonnage total en jauge brute de la flotte à voile de chacun des pays examinés.
Les chiffres de l'échelle, placés sur le côté, sont les tonneaux bruts d'augmentation ou de diminution.

Echelle des augmentations de tonnage brut
Allemagne.
France.
Allemagne.
Vapeurs.
Voiliers.

500.000
450.000
400.000
350.000
300.000
250.000
200.000
150.000
100.000
75.000
50.000
25.000
O Tonnages de 1893 pris pour bases.

1.644.337 T
1.549.961 T
1.436.539 T
1.343.357 T
1.214.830 T
1.125.956 T

O Tonnages de 1893 pris pour bases
25.000
50.000
75.000
100.000
150.000
Echelle des diminutions de tonnage brut.

196.224 T
197.820 T
191.647 T
198.790 T
207.466 T
206.898 T
609.731 T
569.865 T
543.455 T
507.212 T
479.951 T
469.644 T

1893
1894
1895
1896
1897
1898

907.025
918.000
926.000
938.000
956.000
973.000

IMP. DU SEMAPHORE, BARLATIER, Marseille

Graphique

montrant la proportion de tonnage
en constructions neuves dans les accroissements des
flottes à vapeur de l'Allemagne et de la France
de 1893 à 1898

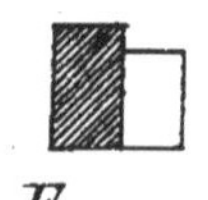

Tonnage Kilométrique – Augmentation en 20 ans.

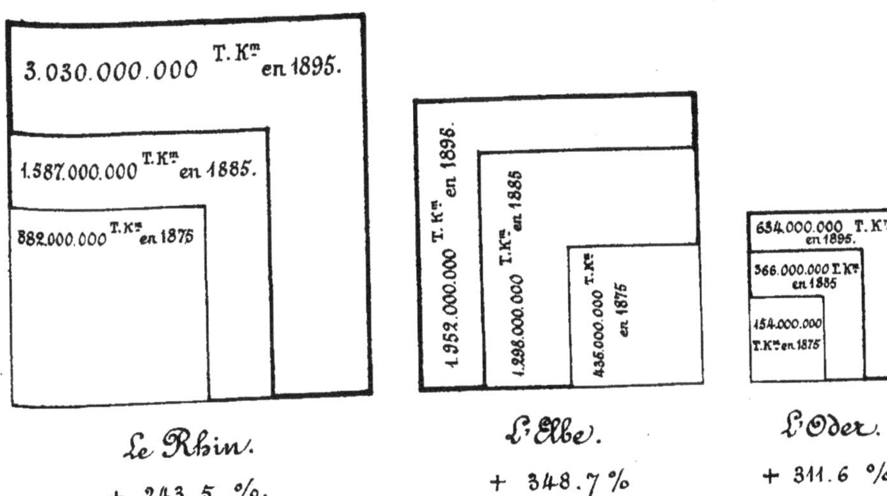

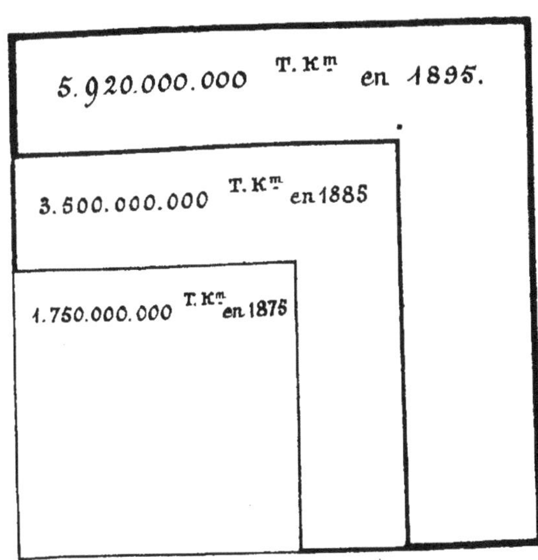

Les six fleuves reunis :
Rhin, Weser, Elbe, Oder, Vistule et Memel
+ 238.3 %.

pue par suite des brouillards, des basses-eaux ou des glaces que
19 jours en moyenne par an. Dans les autres bassins des fleuves
Allemands, la navigation est ordinairement interrompue :

> 64 jours dans le bassin de l'Elbe.
> 65 — du Danube.
> 81 — de l'Oder.
> 104 — de la Vistule.

Nous n'aurions jamais de telles interruptions en France.

IV

CONCLUSIONS

Nous terminerons ce travail, déjà bien long, par le tableau
suivant qui montre en chiffres d'une triste réalité, la différence
des mouvements respectifs des ports de Hambourg, Anvers et
Marseille.

PORTS		1880	1890	1898	AUGMENTATION 0/0
Marseille.	Jauge .	7.602.647	9.702.951	11.993.492	57.75
	Poids..	3.940.533	4.794.424	5.525.647	42 »
Hambourg.	Jauge .	5.529.000	10.417.000	16.962.500 [1]	206.79
	Poids..	3.070.000	7.518.000	12.857.735	318.81
Anvers...	Jauge .	5.891.000	9.038.000	12.867.416	118.42
	Poids..	2.717.178	4.926.475	0.000.000 [2]	

(1) Ce chiffre résulte de : 14.747.500 tx, chiffre donné par la Chambre de commerce de Hambourg, augmentés de 2.212.500 tx représentant les 15 0/0 du premier chiffre, afin que la comparaison soit exacte avec les années 1880 et 1890. Le décret du 1er juillet 1895 ayant diminué du 15 0/0 la valeur conventionnelle du tonnage des navires.

(2) Nous n'avons pu encore obtenir un chiffre malgré notre demande à la Chambre de commerce française d'Anvers.

Donc, dans ces dix-huit dernières années, le mouvement du port de Hambourg a progressé de 318 0/0 en poids, de 206 0/0 pour le tonnage des navires entrant et sortant.

Hambourg, premier port allemand, est situé à l'embouchure de l'Elbe, voie admirable de communication fluviale, qui le relie à un merveilleux réseau de canaux et de cours d'eau navigables et lui apporte le trafic considérable de tout un pays, à la prospérité duquel concourent également et le développement des chemins de fer et les progrès de la navigation intérieure.

Durant la même période, de 1880 à 1898 le port d'Anvers a vu le tonnage de ses navires augmenter de 118 0/0.

Anvers, premier port de la Belgique, communique par l'Escaut avec tous les canaux belges, avec le Rhin et l'Allemagne et avec les canaux du nord de la France. Nous avons vu que durant ces dernières années en Belgique aussi l'accroissement des voies navigables était parallèle à celui des chemins de fer et qu'ils aidaient simultanément au développement industriel et commercial du pays.

Pendant ces mêmes dix-huit ans, le mouvement du port de Marseille n'a progressé que de 42 0/0 en poids et de 57 0/0 pour le tonnage d'entrée et de sortie de ses navires.

Marseille premier port Français est privée de toute communication par voie navigable avec le réseau des canaux du Centre et du Nord de la France qui drainent les marchandises qu'ils transportent vers des points plus favorisés, malheureusement souvent étrangers. Et Marseille n'est desservie que par une seule ligne de chemin de fer, notoirement insuffisante.

Dans la grande lutte économique des nations qui travaillent au développement de leur commerce et de leur industrie, progresser comme Marseille dans d'aussi faibles proportions, quand ses rivales progressent avec de tels chiffres, c'est rester stationnaire, c'est s'acheminer vers la décadence irrémédiable.

Aussi, nous concluons qu'il y a lieu d'agir énergiquement et vite pendant qu'il en est temps encore.

Il faut donc que le canal de jonction du Rhône à Marseille soit commencé immédiatement. Il faut aussi que les autorités placées au-dessus de nous, notre Chambre de Commerce, notre Conseil Général, nos représentants au Parlement, se préoccupent sans plus tarder, de sa prolongation jusqu'à Lyon par un canal latéral au Rhône.

Cette voie navigable reliant alors Marseille au Nord, remédierait au mal qui nous est fait par les tunnels des Alpes, contrebalancerait avantageusement les progrès de la navigation intérieure en Allemagne et peut-être même neutraliserait les effets désastreux que pourrait avoir pour nous, si jamais elle venait à se faire, la grande voie fluviale projetée qui, par le Danube et Constantinople, mettrait Hambourg aux portes de l'Orient.

Sans vouloir diminuer en rien les avantages réels et considérables que Marseille retirera de son canal de jonction au Rhône, il ressort de tout ce que nous venons de dire, que ces avantages seront bien plus considérables encore quand le canal latéral, que nous demandons, se soudera au canal de jonction.

Les services rendus par ce dernier ressortiront alors dans toute leur intégralité et les conséquences économiques qui en résulteraient pour Marseille lui rendraient sûrement sa place dans le monde.

Marseille, le 6 Mars 1900.

Le Rapporteur :

Ed. VELTEN.

Ce rapport entendu, la Chambre Syndicale l'adopte, le convertit en délibération et décide qu'il sera imprimé et adressé à MM. les Ministres, à MM. les Sénateurs et Députés de Marseille, ainsi qu'aux divers corps constitués que la question intéresse.

Le Président :

L. ESTRINE.

Annexe A

Projet de M. A. SOULEYRE

AMÉNAGEMENT INDUSTRIEL

DU RHONE

AMÉNAGEMENT INDUSTRIEL
DU RHONE

I. — SITUATION ACTUELLE DES TRAVAUX HYDRAULIQUES

Aujourd'hui que toutes les voies ferrées d'intérêt général sont terminées en Europe, l'attention des financiers et des ingénieurs se porte sur l'aménagement des cours d'eau. En matière d'utilisation des rivières, ce qui a été fait est bien peu de chose par rapport à ce qni reste à faire.

Dans la partie inférieure de leur cours, les rivières sont utilisables comme moyens de transport, dans la partie supérieure comme réserve de forces motrices. Les transports par voie d'eau sont moins coûteux que les transports sur rails ; les usines hydrauliques fonctionnent beaucoup plus économiquement que les usines à vapeur. Les frais de premier établissement sont considérables pour tout grand aménagement hydraulique ; mais la baisse du taux de l'intérêt et les progrès réalisés dans l'exécution des grands travaux ont rendu possibles des conceptions qui auraient été financièrement irréalisables il y a peu d'années. Ces conceptions doivent d'ailleurs porter sur de grands travaux, car les prix de revient, en hydraulique, rapportés à l'unité de force ou de transport, décroissent très vite lorsque croît l'importance de l'ouvrage.

Aussi bien, pour les voies navigables, ne s'occupe-t-on plus en ce moment que d'un petit nombre de fleuves, mais en y dépensant de très grosses sommes, en Allemagne sur le Rhin, l'Elbe et l'Oder, en Autriche sur le Danube. La Russie étudie le canal de la mer Noire à la Baltique (1) ; les Etats-Unis préparent le canal de Chicago au Mississipi et celui des Grands-Lacs à l'Hudson (canal maritime coûtant 400 millions) par la vallée de la Mohawk ; le Canada transforme le Saint-Laurent.

(1) Évalué à un demi-milliard.

Pour les forces motrices, on commence à aménager les grandes rivières, en concentrant leur puissance dans de grandes usines, au lieu de n'utiliser comme autrefois que les affluents. Les merveilleux progrès réalisés depuis quinze ans et tout particulièrement depuis cinq ans par l'industrie électrique permettent d'utiliser ces énormes puissances dont on n'aurait su que faire autrefois. Les progrès des engins électriques ont été suivis de progrès parallèles dans la construction des turbines dont les rendements se sont transformés. Turbines et dynamos s'adaptent parfaitement les unes aux autres ; les unes et les autres fournissent la force à des prix qui décroissent rapidement avec la grandeur des engins. De là le succès des usines monstres comme celle de Jonage, près de Lyon, sur le Rhône, celle de Rheinfelden près de Bâle sur le Rhin, celles de Genève. Aux Etats-Unis l'utilisation partielle du Niagara commence à se réaliser ; on prépare près de Minneapolis-Saint-Paul l'aménagement d'une chute du Mississipi (Saint-Antony Falls) pour la traction électrique des véhicules sur un réseau de 362 kilomètres de voies ferrées. Au Canada, une chute d'un grand affluent du Saint-Laurent sera également utilisée près de Montréal.

On sort même des régions habitées par les races européennes pour préparer de grands travaux. Les Anglais étudient l'aménagement du Nil (1) au double point de vue des forces motrices et de la navigation.

Un jour viendra sans doute où nous nous occuperons du Niger, du Mékong et du Congo. On peut penser que ce jour se fera encore longtemps attendre ; mais quand l'Europe entière travaille autour de nous il semble étonnant que nous ne nous soyons même pas encore occupés d'aménager nos fleuves de France.

A vrai dire, la France n'a qu'un fleuve, le Rhône. La Seine ne compterait dans certains pays que pour une petite rivière. La Loire et la Garonne ont un débit par trop irrégulier pour se prêter à un parfait aménagement. Le Rhône seul est un fleuve par son débit d'étiage. Il peut contribuer pour une forte part à la prospérité de notre pays : comme moyen de transport, car la vallée est une des grandes voies historiques de l'Europe, et comme source d'énergie, car la force motrice qu'il peut donner au kilomètre, est plus considérable que sur n'importe quel autre des fleuves d'Europe. Le but de cette note est d'examiner sommairement quel parti on peut en tirer à ce double point de vue.

____

(1) Voir la *Revue Scientifique* du 24 avril 1897.

II. — MODES D'AMÉNAGEMENT DU FLEUVE

Comment, d'abord, l'aménagera-t-on et à quels frais ?

Des épis et digues noyées, exécutés depuis vingt ans, ont relevé la profondeur d'étiage à 1ᵐ,60 ; mais ces travaux, semblables à ceux qui ont été exécutés sur le Rhin, laissent à la rivière de trop fortes vitesses et une trop faible profondeur pour que la navigation puisse s'y faire à bas prix, et ils laissent perdre en frottements toute la puissance motrice du fleuve. La solution adoptée ne peut être considérée que comme une solution d'attente.

Le Rhône, fleuve à forte pente, doit être transformé en escalier hydraulique, par aménagement en série de biefs presque horizontaux terminés par des chutes verticales auxquelles correspondront des usines et des écluses. Il y a deux moyens d'obtenir ce résultat : le premier consiste à établir un canal latéral parallèle au fleuve ; le second consiste à établir des chutes dans le lit du fleuve lui-même au moyen de barrages mobiles.

Le premier procédé s'impose là où la largeur de la vallée est grande, où les berges sont peu élevées, où la pente du fleuve est forte ; le second est le seul admissible là où la vallée est très resserrée.

De Lyon à l'Ardèche la vallée du Rhône présente deux tronçons bien distincts ; l'un de Lyon à l'Isère, où la vallée offre des étranglements longs et nombreux : l'autre de l'Isère à l'Ardèche, où la vallée s'épanouit en grandes plaines, dont le sol est le fond d'anciens lacs. Par une anomalie curieuse, c'est justement le tronçon d'aval qui présente la plus forte pente (0ᵐ,79 par kilomètre tandis que le tronçon d'amont a 0ᵐ,56). Le tronçon d'aval présente donc toutes les conditions voulues pour l'établissement d'un canal latéral, tandis que des barrages mobiles alternant avec de courtes dérivations seront nécessaires sur le tronçon d'amont. De l'Ardèche à Tarascon, le canal latéral pourra se prolonger dans des plaines faciles, avec des chutes de plus en plus faibles.

Canal latéral de Tournon à Tarascon. — Au confluent de la Saône, le débit d'étiage du Rhône est de 210 mètres cubes par seconde (1) ; il est de 235 mètres cubes immédiatement à l'amont

---

(1) Si on veut comparer le Rhône à la Loire, rappelons que le débit d'étiage de la Loire, peut tomber à 15 mètres cubes à Châtillon, au droit du canal du Centre.

7

du confluent de l'Isère, de 335 mètres cubes au-dessous ; il atteint 400 mètres cubes à l'aval du confluent de la Durance. L'aménagement de pareils débits dans un canal latéral pourrait paraître un travail gigantesque si on ne connaissait déjà des travaux de cette importance. En Lombardie, le canal Cavour a été fait pour un débit de 110 mètres cubes par seconde, porté plus tard à 130 mètres cubes ; il coûtait 500.000 francs par kilomètre, chiffre peu élevé eu égard aux difficultés rencontrées. Dans l'Inde, les ingénieurs anglais ont construit des canaux susceptibles de débiter 180 mètres cubes par seconde, servant à la fois à l'irrigation et à la navigation et ne coûtant que 300.000 et 200.000 francs par kilomètre. Tout récemment en France on a fait au moins aussi bien, toutes difficultés pesées. Le canal de Jonage, à l'amont de Lyon, construit pour des débits de 100 et 160 mètres cubes, ne coûte, déduction faite des frais des usines, mais écluses comprises, que 450.000 francs par kilomètre. Dans ce chiffre les terrassements entrent pour 250.000 francs.

Ces grandes dérivations éclusées ne ressemblent pas au classique canal latéral d'autrefois, canal des fleuves à faible débit d'étiage dans lequel on n'admettait que des cubes insignifiants, avec des vitesses à peu près nulles. Pour réduire la dépense au minimum, il faut admettre l'eau dans une dérivation avec la vitesse maxima compatible avec la conservation du fond et des berges, soit avec une vitesse de $0^m,90$ qu'on obtient pour une profondeur de 3 mètres, avec une pente de $0^m,09$ par kilomètre.

Les gros débits peuvent ainsi être dérivés avec des canaux de largeurs d'emprise relativement faibles. Dans l'Inde, les canaux de 150 à 180 mètres cubes sont tracés avec des largeurs au plafond de 50 à 60 mètres et des profondeurs de $3^m,05$. A Jonage, les largeurs sont variables ; au canal de fuite, la largeur au plafond est de 60 mètres pour $2^m,50$ de profondeur et 166 mètres cubes de débit ; sur une partie de la longueur la largeur est de 100 mètres.

Pour un débit de 300 mètres cubes des profondeurs de $3^m,50$ et 4 mètres correspondant à une largeur au plafond d'au plus 100 mètres seraient admissibles. On pourrait exécuter tout d'abord un canal de 150 mètres cubes, à profondeur de 3 mètres à 3^m20 et porter progressivement le débit à 300 mètres cubes par approfondissement et élargissement du lit. Avec les talus, les francs bords et les remblais, la largeur totale d'emprise atteindrait au plus 200 mètres.

Cette paisible rivière artificielle aurait des chutes aménagées de façon à rester toujours au pied des coteaux, dans les anciens dépôts lacustres. Elle ne s'élèverait nulle part à plus d'une vingtaine de mètres au-dessus de l'étiage et ne descendrait que rarement à une cote inférieure à 4 ou 5 mètres au-dessus du même niveau, de manière que la chute de ses écluses et de ses usines ne pût être modifiée que par les crues tout à fait extraordinaires (les grandes crues ordinaires ne montant pas à plus de 4 ou 5 mètres). Sur ses points bas, elle pourrait être mise par des écluses en communication directe avec les deux voies ferrées qui longent le Rhône (généralement sur la rive gauche) (1) et desservirait par suite également les deux rives. Établie au fond de la vallée, en terrain complètement plat, elle ne menacerait personne de la masse de ses eaux.

Les cours d'eau ordinaires traverseraient le canal au moyen de siphons (2).

L'Isère et la Durance pourraient être traversées à niveau. Sur plusieurs points, lorsqu'un changement de rive ou une rentrée dans le fleuve seraient nécessaires, le Rhône serait lui-même traversé à niveau.

Une rentrée dans le fleuve serait nécessaire au défilé de Donzère. Des changements de rives s'imposeraient vers Valence et Meysse si on ne voulait pas aborder la construction de barrages mobiles.

Les rentrées dans le fleuve sans barrage mobile exigeraient pour la navigation des dispositions spéciales pour des plafonds ayant le tirant d'eau de 3 mètres et plus que le canal latéral donnerait si facilement. Le tirant d'eau d'étiage du Rhône peu en effet descendre à 1^m60. On choisirait pour les passages les mouilles de préférence aux maigres. De plus, on pourrait se servir de bateaux-écluses, à tirant d'eau de $1^m,60$, mus électriquement, qui trouveraient là leur emploi tout indiqué comme transbordeurs et ne seraient d'ailleurs nécessaires qu'aux basses eaux. Pour la traversée de l'Isère et de la Durance, il y aurait à choisir entre trois solutions : ou soutenir le plan d'eau du canal à la traversée par un petit barrage mobile établi en aval en travers du lit de la rivière (3), ou passer au confluent avec le Rhône, avec des ba-

---

(1) Comme tous les fleuves qui coulent dans notre hémisphère parallèlement au méridien, le Rhône a attaqué sa rive droite. Il s'est donc déplacé de l'Est à l'Ouest. Une dérivations des anciens fonds lacustres reprendrait la direction ancienne du fleuve.

(2) Voir l'*Irrigation dans les Indes* de M. Barois, *Annales des Ponts et Chaussées* de 1891, 2° semestre.

(3) Un petit barrage mobile a déjà été établi sur une rivière à fond mobile, l'Allier, près de Vichy.

teaux-écluses, ou faire passer le canal en siphon sous la rivière en ménageant un pont-acqueduc sur la rivière pour les chalands seulement (1).

De Tournon à Tarascon, sur 175 kilomètres de longueur, on pourrait ainsi établir une série de dérivations éclusées, sans qu'il fût nécessaire d'aborder l'emploi de barrages mobiles, si le fonctionnement de ces ouvrages paraissait présenter trop de difficultés.

Dépenses. — Le tracé devant être établi partout dans des plaines très faciles, dépôts d'anciens lacs, on peut apprécier la dépense des terrassements en prenant pour base celle du canal de Jonage, soit 250.000 francs par kilomètre pour un débit de 150 mètres cubes et 200.000 de plus pour un débit de 300 mètres cubes. Dans un plaine, avec un profil de déblai mixte, donnant le tirant d'eau voulu moitié par des déblais, moitié par des remblais en cavaliers provenant des déblais, on devrait obtenir le débit de 150 mètres cubes avec moins de 100 mètres cubes de terrassements coûtant un franc le mètre, par mètre courant. Compter 250.000 francs par kilomètre revient donc à multiplier par 2,5 la dépense du profit normal pour tenir compte des points de sujétion. C'est là un coefficient qui paraît large, et l'exemple des canaux de l'Inde est là pour confirmer qu'il est largement apprécié.

Les fonds lacustres de la vallée du Rhône sont formés comme à Jonage d'une couche de terre végétale peu épaisse, reposant sur des galets et graviers qui peuvent servir d'assiette aux fondations des ouvrages, comme sur le canal de Villeurbanne. Les dépenses d'écluses et d'usines peuvent donc encore s'évaluer comme à Jonage, et être encore rapportées au kilomètre, car la pente moyenne, de Tournon à Tarascon, serait à peu près la même que celle qui est à racheter au canal de Jonage. On trouve ainsi pour les usines 160.000 francs (y compris les turbines et les machines électriques) et pour les écluses, avec tirant d'eau de $2^m,50$, 100.000 francs par kilomètre. En majorant de 14 p. 100 le prix des écluses pour un tirant d'eau de $3^m,20$ (celui de la Seine canalisée) et en y ajoutant 100.000 francs par kilomètre pour les ouvrages, peu nombreux, à établir dans le voisinage des traver-

(1) Un pont-acqueduc, d'après l'exemple du pont de Châtillon, sur la Loire, coûterait tout au plus 2 millions ; avec le pont siphon du canal, ce serait une dépense voisine de 3 millions.

sées du Rhône, et pour le rétablissement des voies de communi-cation, on trouve les résultats suivants :

	Débit de 150 m. c.	Débit de 300 m. c.
Dépense kilométrique pour un tirant d'eau de 3ᵐ,20	650.000	1.030.000

Ces chiffres sont toutefois à majorer : 1° parce que les terrains à traverser pourraient avoir plus de valeur qu'à l'amont de Lyon ; 2° parce que le rétablissement des voies de communication pourrait aussi offrir un peu plus de sujétions ; 3° parce qu'on aurait à franchir des torrents assez importants, que ne rencontre pas le canal de Jonage. La surface à exproprier étant de 20 hectares par kilomètre nous compterons pour les expropriations 3.000 francs de plus par hectare qu'à Jonage, soit 60.000 francs par kilomètre. Pour le rétablissement des voies de communication, nous double-rons la dépense de Jonage, ce qui revient à ajouter aux chiffres ci-dessus 50.000 francs par kilomètre pour 150 mètres cubes et et 70.000 francs pour 300 mètres cubes. Pour les traversées des torrents, il semble que ce soit compter largement que de mettre en plus 40.000 francs par kilomètre pour 150 mètres cubes et 50.000 francs pour 300 mètres cubes.

Les ouvrages de traversées de cours d'eau et de voies de communications étant supposés établis immédiatement pour 300 mètres cubes, on trouve les chiffres globaux suivants :

	Par kilomètre	Dépense totale à l'aval de Tournon en millions
Débit de 150 m. c.	830.000 fr.	145 | 151 avec les traversées de l'Isére et
Débit de 300 m. c.	1.210.000 fr.	212 | 219 de la Durance.

chiffres qui seraient à majorer des prix de revient de quelques barrages mobiles (1) ou de ponts-aqueducs pour chalands, si on voulait renoncer à l'emploi des bateaux-écluses pour la traversée des points de sujétion dans le Rhône.

Il est bien clair qu'on ne pourrait connaître la dépense avec exactitude qu'après avoir dressé des avant-projets. Les chiffres donnés ci-dessus n'en doivent pas moins indiquer l'ordre de grandeur de la dépense à consentir.

De Lyon à Tournon. Barrages mobiles. — De Lyon au-dessous de Tournon, sur 96 kilomètres de longueur, il n'y a

(1) Trois points de sujétion : un dans le défilé de Donzère et deux entre l'Isère et Donzère.

guère que 35 kilomètres qui peuvent être aménagés facilement
en dérivations éclusées. Sur le reste de la longueur, la pente doit
nécessairement être rachetée par des barrages mobiles, tant pour
utiliser la force motrice du fleuve, qui a dans cette région une
valeur particulièrement grande, que pour ne pas imposer à la
navigation l'emploi de bateaux-écluses sur de longs parcours.

D'ailleurs, dans cette région, l'emploi de barrages mobiles ne
paraît présenter aucune difficulté insurmontable. Ce n'est qu'au
dessous du confluent de l'Isère que le Rhône prend véritablement
les allures d'un grand fleuve. Entre Lyon et Tournon, son lit n'est
pas plus large que celui de la Seine à l'aval de l'Oise. Huit barrages (deux à retenue de 4 à 5 kilomètres, cinq à retenue de 7 à 8
kilomètres, un à retenue de 9 kilomètres) suffiraient, avec 36 kilomètres de dérivations éclusées (les dérivations alternant avec les
barrages) à racheter la pente totale avec des hauteurs de chute
de $4^m,50$ à 5 mètres au plus, une hauteur d'eau de $3^m,20$ à l'aval
sur le tablier mobile et une hauteur de tablier (partie fixe) de
11 mètres au-dessus du seuil maçonné. Ce sont, à peu de choses
près, les conditions d'exécution du barrage de Poses, sur la
Seine (1).

On sait à quel degré de perfectionnement ont été amenés les
barrages de la Seine, du type de Poses, à tel point que les ingénieurs auraient pu porter le tirant d'eau du fleuve à $6^m,50$, si
cette entreprise avait été très utile. Avec ce type d'ouvrage, les
aiguilles qui soutiennent le rideau, articulées sur un point fixe
supérieur, peuvent être en tout temps manœuvrées du haut de
ce pont, quelle que soit l'importance des crues. Le radier sur
lequel s'appuient les aiguilles a des formes simples. Il ne semble
donc pas qu'on ait à redouter que les galets et graviers gênent la
manœuvre, d'autant mieux que le nettoyage du radier pourrait se
faire avec des appareils à eau sous pression (2).

Le débit solide du fleuve (limons, graviers, galets) est bien
moins important dans le Rhône à l'amont de Tournon qu'à l'aval
de l'Isère et de la Durance. A l'étiage, il ne représente qu'un cube
insignifiant qui se déposerait dans les parties profondes des
retenues. En temps ordinaire et en temps de crue, les barrages

---

(1) Hauteur de chute à Poses, $4^m,30$.

(2) De petits barrages mobiles fonctionnent déjà sur des rivières à graviers,
sur la Loire à Roanne, sur l'Allier à Vichy. Le barrage de la Mulatière est établi
sur la Saône, à son confluent avec le Rhône.

La vitesse du courant devrait toujours nettoyer le radier à côté de la dernière
aiguille en place, c'est-à-dire au point même où il y aurait à faire une manœuvre
d'abaissement ou de relèvement.

seraient particulièrement ouverts et laisseraient passer limons et graviers.

Des barrages établis comme il a été dit ne relèveraient pas le plan d'eau au-dessus du niveau atteint par les plus hautes crues. Leur établissement troublerait donc moins le régime du fleuve que celui de Poses n'a troublé le régime de la Seine.

Les fondations devraient être plus aisées que sur la Seine, car dans le lit du Rhône le rocher est apparent sur plusieurs points ; sur de grandes longueurs, le lit est resserré entre les deux berges rocheuses, ce qui suppose la présence de rochers à de faibles profondeurs sous le fond mobile.

Or les fondations sont de beaucoup ce qui coûte le plus cher dans un barrage mobile. Le prix de revient au mètre courant du barrage de Poses peut en effet se décomposer comme il suit :

Partie métallique	Pont et appareils de manœuvre. . .	2.000 fr.
	Rideau (vannage et cadres de 9 à 11 mètres de hauteur)	1.200 —
Maçonneries jusqu'à 3m,50 au-dessous des plus basses eaux.		4.800 —
Maçonneries de 3m,50 à 8m,50		8.500 —
Total.		16.500 fr.

La hauteur de chute des eaux est de 4m,20 ; pour des hauteurs de 4m,50 à 5 mètres à adopter pour le Rhône la dépense ne serait augmentée que de 6 à 7 p. 100, tant le type de Poses s'adapte bien aux grandes chutes.

C'est dire, que pour les barrages du Rhône, la dépense au mètre courant pourrait être beaucoup plus faible que pour ceux de la Seine, car là où on trouverait le solide à 3m,50 au-dessous des plus basses eaux elle ne s'élèverait qu'à 8.500 francs.

Pour des fondations descendues à 8m,80 au-dessous des plus basses eaux, ce qui semble ne pas devoir être le cas de la plupart des barrages, la dépense au mètre courant serait à peu près de 17.500 francs.

La longueur totale des sept passes du barrage de Poses n'est que de 215 mètres. En donnant 300 mètres de longueur aux passes des barrages mobiles entre Lyon et l'Isère qui débiteraient des crues de 7000 mètres cubes pour des hauteurs d'eau de 7 mètres (ce qui correspond à des vitesses de 5 mètres seulement, celles-là même qui se réalisent dans le fleuve), on aurait des ouvrages coûtant de 2 millions et demi à 5 millions.

Pour 8 barrages, on aurait une dépense d'au plus 40 millions (1).

Quant aux dérivations éclusées, on peut en estimer le prix de revient de la même manière qu'à l'aval de Tournon. Toutefois, on doit remarquer que la hauteur de chute étant tout entière concentrée sur ces dérivations, la hauteur de chute des usines et des écluses, rapportée au kilomètre, serait deux fois et demie plus forte que de Tournon à Tarascon ; le prix de revient des usines et des écluses au kilomètre, doit donc être multiplié par 2,5, ce qui donne une majoration de 450.000 fr. pour 150 mètres cubes et de 690.000 francs pour 300 mètres cubes. Il est vrai que, pour le rétablissement des voies de communication et pour les traversées des cours d'eau, on serait dans des conditions faciles, permettant de réduire de 50.000 francs l'évaluation donnée plus haut pour le prix de revient kilométrique des dérivations éclusées.

On trouve ainsi au kilomètre 1.230.000 francs, usines comprises, pour une dérivation de 150 mètres cubes et 1.850.000 francs pour une dérivation de 300 mètres cubes, soit pour 36 kilomètres 44 millions et 67 millions.

Ajoutée à la dépense des barrages mobiles, qui est indépendante du débit utilisé, on trouve de Lyon à Tournon une dépense totale de 84 millions au plus pour des dérivations de 150 mètres cubes et de 107 millions au plus pour des dérivations de 300 mètres cubes.

La dépense totale pour l'aménagement du Rhône de Lyon à Tarascon serait de 235 millions pour des dérivations à 150 mètres cubes et de 325 millions pour des dérivations à 300 mètres cubes (2).

On est loin, avec ces chiffres, de la dépense de 47 millions que l'ingénieur Cavenne trouvait en 1822 pour un canal latéral à établir sur la rive gauche du Rhône ; on est même loin des 100 millions que M. Krantz indiquait en 1873, comme dépense d'un canal à établir sur la rive droite ; mais aussi on arrive à des résultats tout autres que ceux qu'on pouvait concevoir en 1822 et même en 1873.

(1) On remarquera que, tout en executant huit barrages, on établirait huit ponts fixes sur un fleuve qui en a encore peu.

(2) Plus 10 à 15 ou 20 millions le jour où on voudra supprimer toute traversée du Rhône en rivière.

III. — LA FORCE MOTRICE

Le Rhône, discipliné de Lyon à la mer, serait une longue rue d'usines et une puissante voie navigable.

Par la mise en marche de ses usines, il servirait : à l'industrie privée sur une bande de terrain d'au moins 80 à 100 kilomètres de largeur (40 kilomètres au moins à l'est et 40 kilomètres au moins à l'ouest du fleuve) sur toute sa longueur de Lyon à Tarascon ; à l'agriculture pour le refoulement de son eau à une hauteur suffisante pour alimenter des canaux d'irrigation ;

A la traction électrique des wagons des chemins de fer P.-L.-M. ;

A la traction des bateaux ;

Et au perfectionnement indéfini de son propre aménagement par la mise en train de dragues électriques.

Puissance distribuée à l'industrie privée. — Le transport de la force à grande distance n'est plus une simple conception d'hommes de cabinet. C'est une spéculation industrielle qui se réalise sur de nombreux points et pour des distances de plus en plus grandes. Pour ne rappeler que des transports de force réalisés à 30 kilomètres au moins, nous citerons : les tramways de Sacramento, mis en marche par une usine hydraulique située à 30 kilomètres de la ville ; celle de Buffalo qui reçoit 20.000 chevaux du Niagara et va en recevoir 40.000 à 37 kilomètres de distance ; les exploitations de mines d'or du Transvaal, mises en mouvement sur 50 kilomètres de longueur par une usine centrale à vapeur, située à 30 kilomètres du point le plus éloigné, et enfin la ville de Fresno, en Californie, qui reçoit la force et la lumière d'une usine hydraulique située à 70 kilomètres (1).

Les progrès étonnants réalisés si rapidement au point de vue du transport de la force tiennent à la substitution des courants alternatifs, sous la forme de courants polyphasés, aux courants continus. Les courants alternatifs se produisent plus simplement que les courants continus, même à de hautes tensions, et peuvent ensuite changer de tension au moyen de transformateurs très simples. Or tout le secret de la transmission de la force est dans la production pratique de courants de haute tension.

____

(1) Voir le *Génie civil* du 2 octobre 1897, d'après *Scientific American* (installation datant de juin 1896).

8

Les premiers moteurs à courants alternatifs avaient l'inconvénient grave de ne pouvoir démarrer. L'emploi des courants polyphasés a levé cette difficulté. En même temps, il a permis de réaliser le moteur asynchrone, où n'entrent ni excitatrices, ni fils, ni contacts mobiles. Ce moteur asynchrone est aussi simple de construction et d'entretien que compliqué de théorie pour les électriciens qui veulent en aborder le calcul précis. Réduit à une masse métallique pleine, sans fils, tournant à l'intérieur d'une autre masse métallique fixe, c'est, après les moteurs hydrauliques, le plus simple de tous les engins. Sa conduite et son entretien sont incomparablement plus simples que ceux d'une machine à vapeur, puisqu'ils se réduisent au graissage d'un palier. Il peut être confié au premier venu, être logé n'importe où et marcher sans visite pendant une semaine entière.

La simplicité du moteur asynchrone permet aujourd'hui aux électriciens de préconiser d'une manière générale l'emploi de l'électricité pour la simple distribution de force, même à faible distance, par suppression des commandes par engrenages et courroies.

C'est dire que l'électricité doit maintenant pénétrer dans tous les centres industriels. Or la force du Rhône trouverait un champ d'action particulièrement bien préparé dans la région comprise entre Lyon et Tournon, car les villes industrielles sont, à vol d'oiseau, à une trentaine de kilomètres au plus du fleuve et la distance des transports de force atteindrait au plus 40 kilomètres.

Déjà à Saint-Etienne on utilise pour l'industrie des rubans une force d'un millier de chevaux empruntée à la Loire. Toutes les industries de la région de Saint-Étienne auraient besoin de force électrique. Dans les usines métallurgiques, on cherche de plus en plus à réaliser toutes les manœuvres au moyen d'engins électriques. Dans les mines, l'électricité est l'agent désirable par excellence, pour les travaux de perforation, de ventilation, d'épuisement des eaux et de transport de la houille.

De Lyon à Tournon. — Les usines situées entre Lyon et Tournon donneraient les hauteurs de chute et les puissances suivantes :

Emplacement des usines.	Hauteurs de chute pour les crues de moins de 3 mètres au-dessus de l'étiage actuel.	Dérivation faites				localités desservies.
		pour 150 m. c.		pour 300 m. c.		
		Puissance.		Puissance.		
		Ordinaire.	Minima.	Ordinaire.	Minima.	
	mètres.	chev.	chev.	chev.	chev.	
Ternay..........	7.50	11.200	8.200	22.400	14.700	Rive-de-Gier et Saint-Chamond.
Estressin (Vienne)..	6.00	9.000	6.000	18.000	12.000	Vienne.
Au-dessus de Condrieu..	5.30	8.000	5.000	16.000	10.700	Usine du chemin de fer et du canal.
Sablons..........	11.00	16.500	13.500	33.000	22.000	Saint-Chamond, St-Étienne et Firminy
Entre Sablons et Chambon (deux usines)	4.00	6.000	3.000	12 000	7.000	Annonay et au besoin Firminy.
En face de Chambon	6.80	10.200	7.200	20.400	13.600	Usine du chemin de fer et du canal.
Au-dessous de Tournon	5.00 au moins	7.500	4.500	15.000	12.000	Valence.
Totaux	49 60 au moins	74.400	50.400	148 800	99.000	

Les puissances indiquées ci-dessus sont mesurées sur l'arbre des turbines.

Pour des dérivations à 150 mètres cubes le minimum de puissance des usines se produirait aux hautes eaux, aux grandes crues de 5 mètres au-dessus de l'étiage actuel (grande crues non extraordinaires) réduisant de 2 mètres la hauteur de chute de chaque usine.

Pour des dérivations à 300 mètres cubes, les minima se produiraient, soit à l'étiage, les dérivations ne prenant alors que 200 mètres cubes, soit aux hautes eaux pour des réductions de hauteur de chute allant jusqu'à 1 mèt. 50. Les chiffres indiqués à la colonne des minima correspondent au minimum minimorum. qui pour toutes les usines de plus de 5 mètres de chute se produirait à l'étiage.

Les deux usines de Ternay et de Sablons desserviraient à elles seules toute la région de Rive-de-Giers, Saint-Chamond, Saint-Etienne et Firminy où on emploie actuellement 50.000 chevaux-vapeur. Leurs dérivations devraient donc être agrandies rapidement pour 300 mètres cubes, si elles étaient faites à l'origine pour 150 mètres cubes, car pour 300 mètres cubes leur puissance (minimum 36.700 chevaux, ordinaire 55.400 chevaux) devrait trouver rapidement son placement.

Le transport de force peut se faire maintenant à une trentaine de kilomètres avec un rendement industriel de 65 0/0, toutes pertes comprises ; mais si on observe qu'un cheval électrique équivaut à 5/4 de cheval-vapeur partout où le cheval-vapeur devrait perdre au moins 1/5 de sa force par des transmissions (cas de nombreuses usines (1), cas général des mines), on voit qu'en réalité un cheval mesuré sur l'arbre des turbines correspondrait au moins à 3/4 de cheval-vapeur aux usines de la région de Saint-Etienne. Les deux usines hydrauliques de Ternay et de Sablons, avec dérivations à 300 mètres cubes, donneraient donc au moins l'équivalent de 27.000 chevaux-vapeur existants, à l'étiage, et de 41.000 en temps ordinaire. La force de l'étiage, tout au moins, devrait être bien rapidement absorbée à Saint-Etienne, la force variable pouvant être soit transportée, soit employée sur place.

Les centres desservis par les autres usines, à l'amont de Valence, n'emploient actuellement que 7.000 ou 8.000 chevaux-vapeur. Les dérivations à 150 mètres cubes seraient tout d'abord plus que suffisantes pour les besoins immédiats, hormis celles desservant les deux usines de la traction électrique du chemin de fer, traction dont il sera parlé plus loin. Mais dans toute la région située entre Lyon et l'Isère il y a des germes d'industrie qui devraient rapidement se développer. Une fois les barrages mobiles construits, l'augmentation de force motrice s'obtiendrait à un prix faible, puisqu'il n'y aurait à agrandir que les dérivations. Sur tout ce parcours se trouve concentré dans des conditions exceptionelles tout ce dont ont besoin les grandes industries : la force motrice, l'eau, le feu par la houille et une admirable voie de communication fluviale, prolongée jusqu'à l'Océan et à la Méditerranée, permettant d'amener à bon marché les matières premières, et de réexporter les produits fabriqués.

(1) Les transmissions par courroies peuvent même absorber la moitié de la force.

De l'Isère au Lez. — Entre l'Isère et le Lez, la force motrice (76 mètres de chute sur 103 kilomètres) serait encore à meilleur marché qu'à l'amont de l'Isère (en comptant la dépense des barrages mobiles dans le prix de revient de la force) car la pente du fleuve est de 0 mèt. 75 par kilomètre au lieu de 0 mèt. 56. Les industries de Valence, de la Voulte et du Pouzin (5.000 chevaux-vapeur au total) devraient donc rapidement se développer. D'autres devraient se créer auprès d'elles. Toute une ruche industrielle devrait apparaître dans cette région où les facilités de transport donneraient à la force trop de valeur pour qu'on les gaspillât en réactions d'électro-chimie.

Entre l'Isère et le Lez les dérivations prendraient une chute de 9 mètres. En comptant 3 mètres de perdus pour les changements de forme des sections mouillées, on utiliserait au total 62 mètres de chute utile le jour où le défilé de Donzère serait aménagé, 56 mètres si ce défilé n'était pas aménagé par un barrage mobile. Pour un débit d'étiage de 300 mètres cubes à dériver dans le canal, cela donnerait 186.000 chevaux pour 62 mètres et 168.000 chevaux pour 56 mètres.

Canaux d'irrigation. — Une partie de cette énorme force pourrait trouver à s'employer aux besoins de l'agriculture, en refoulant l'eau, par une usine située non loin de Mornas (1), jusqu'à une hauteur suffisante (entre la cote 84 m. et la cote 95 m.) pour arroser la zone irrigable. On éviterait ainsi d'exécuter de très longs tronçons de canaux, établis parallèlement au Rhône à l'amont de Mornas, dans des coteaux difficiles, avec une pente peu différente du fleuve qui obligerait à placer leur origine très loin à l'amont. Ces tronçons sont ce qu'on a appelé pittoresquement la « Tête morte » des canaux et proposé de remplacer par des usines à vapeur.

Les usines à vapeur ne sauraient soutenir la comparaison avec une puissante usine hydraulique. Celle-ci économiserait, avec des frais d'entretien insignifiants, le tiers de la dépense totale prévue avec des canaux à tête morte (2).

Une usine hydraulique permettrait d'ailleurs de n'engager la question des canaux du Rhône que progressivement, ce qui est une condition essentielle de succès pour une entreprise d'hydraulique agricole dont l'utilité n'est pas partout appréciée de la même manière et qui ne peut prendre son plein développement qu'au bout de longues années.

(1) Ou de Viviers.
(2) Soit quelque chose comme 70 ou 80 millions sur 230 ou 240.

Ce serait là un grand service que l'aménagement du Rhône pourrait rendre à l'agriculture. Mais il en est un autre, peut-être aussi grand, qu'il est dès à présent permis d'entrevoir : c'est l'application, dans toute la vallée du Rhône, de l'énergie électrique aux machines de l'agriculture : charrues, moissonneuses et batteuses. Les moteurs à courants polyphasés ont déjà commencé, grâce à leur rusticité, à permettre de réaliser en France, dans l'Aveyron, en Allemagne pour la culture des betteraves (1), ce qui était le rêve d'il y a quinze ans.

De la Cèze à Tarascon. — De la Cèze à Tarascon, la chute n'est plus que de 26 mètres pour 72 kilomètres de longueur.

Les 26 mètres de chute brute correspondent à 18 mètres de chute utile qui, pour un débit de 300 mètres cubes, donneraient 54.000 chevaux qui pourraient être employés : aux besoins de l'agriculture, par refoulement de l'eau, comme entre Donzère et Mornas, en évitant la tête morte du canal projeté au-dessous du confluent de la Cèze (2), aux besoins de l'industrie privée à Avignon, dans tout le département de Vaucluse, à Nîmes (20 kilomètres), et même à Alais et Bessèges (50 kilomètres), dans une région qui emploie déjà en tout 18.000 chevaux-vapeur, et aux besoins de la traction des chemins de fer et des chalands.

Traction électrique. — L'application du transport électrique de la force aux voies ferrées date, industriellement, de l'année 1887.

Depuis 1887, on a consacré aux Etats-Unis aux tramways électriques une somme de six milliards pour un réseau de près de 20.000 kilomètres (3). En dehors de quelques réseaux à traction funiculaire, on n'emploie plus guère que la traction électrique sur les tramways américains.

En Europe on n'a guère commencé à suivre l'exemple des États-Unis que depuis 1894, mais aujourd'hui c'est partout qu'on étudie des tramways électriques.

Aux États-Unis les sociétés de tramways électriques sont déjà assez anciennes pour s'être étendues au loin dans les banlieues et avoir commencé à faire concurrence aux chemins de fer proprement dits. Ceux-ci, les chemins de fer métropolitains d'abord, les chemins de fer de la pleine campagne ensuite, ont donc étudié l'application de la traction électrique à de vrais convois

(1) Voir *Engineering* du 18 juin 1897.

(2) Et par transmission de force électrique à des pompes de dessalement et de submersion établies en Camargue (installation analogue à celle créée dans le delta du Niemen par l'*Allgemeine Electricitäts Gesellschaft*).

(3) Tavernier, *les tramways aux États-Unis.*

et non plus à des voitures isolées. Là encore l'Europe a suivi l'exemple donné par l'Amérique.

Pour les grands métropolitains comme pour les simples tramways, la traction électrique est d'ores et déjà reconnue la plus avantageuse à New-York; à Londres (chemin de fer urbain commencé), à Paris.

Pour les chemins de fer proprement dits, même sans parler de lignes spéciales de grandes montagnes, comme celles de la Jungfrau, ou de lignes en pays montagneux comme celle du Fayet à Chamonix (P.-L.-M.), ou comme les voies ferrées d'intérêt local des Pyrénées-Orientales, l'emploi de la traction électrique, déjà étudié un peu partout, est appliqué ou va l'être à Baltimore, sur la ligne Nantasket-New-York, sur la ligne New-Haven-Ilasford (60 kilomètres), sur celle de Modane à Turin et enfin sur celle de Berthoud et Thoune (40 kilomètres), en Suisse (1).

L'expérience de cette dernière ligne sera particulièrement intéressante parce qu'on y appliquera la traction par moteur à courants polyphasés.

On a vu que la raison du succès des installations de transport de force à grande distance dans l'industrie privée est l'emploi des courants polyphasés. Or il se trouve que jusqu'à l'année 1896 on n'avait employé sur les tramways que les courants continus. Cela tient à ce que presque tous les réseaux de tramways étaient alimentés par des usines centrales à vapeur distribuant la force à de faibles distances, pour lesquelles les courants alternatifs ne sont pas nécessaires, et qu'après avoir péniblement étudié l'emploi des moteurs à courants continus, les maisons ne se souciaient pas de se lancer dans des expériences nouvelles. Aussi bien là même où on empruntait la force motrice des tramways à une usine hydraulique éloignée de la ville (Buffalo, Lowel, Rome-Tivoli) transformait on en courants continus les courants alternatifs qui avaient amené la force jusqu'au cœur du réseau.

En 1896, la traction directe par moteurs polyphasés a été appliquée pour la première fois aux tramways de Lugano par la maison Brown, Boveri et Cie, et avec un plein succès, confirmé par une expérience déjà vieille de deux années. Tout laisse donc croire que les moteurs polyphasés auront le même succès sur le chemin de fer Berthoud-Thoune.

Les moteurs polyphasés ont sur les moteurs continus, dans la traction électrique, les avantages de simplicité de construction et d'entretien qu'on apprécie dans les usines. Ils ont en plus deux

(1) Voir le *Génie civil* du 25 septembre 1897.

avantages qui, dans certains cas, peuvent prendre une grande importance : le premier est que le moteur du train fonctionne sur les fortes pentes comme générateur, par conséquent comme frein récupérant de la force ; le second est que le convoi, une fois mis en marche, court à une vitesse constante, à 5 p. 100 près, sur les rampes comme sur les pentes, sans qu'on ait besoin de s'en occuper. Le premier de ces avantages ne sera apprécié que sur les lignes à fortes pentes. Le second est important pour la réduction du personnel de traction. Ce second avantage devient d'ailleurs un inconvénient si le moteur n'est pas alimenté par une usine génératrice de force suffisante, parce qu'alors le moteur peut s'arrêter brusquement, si l'effort à fournir dépasse les ressources de l'usine. C'est vraisemblablement pour cette raison que la locomotive Heilmann est à courants continus, parce que son usine à vapeur, génératrice de force qu'elle transporte avec elle-même, n'a qu'une puissance limitée. Mais la constance d'allure du convoi serait parfaite si le convoi prenait sa force à une usine centrale hydraulique suffisamment puissante.

Les moteurs polyphasés n'ont qu'un inconvénient à citer, par rapport aux moteurs à courants continus pour les tramways, c'est qu'ils ne démarrent pas avec la promptitude « foudroyante » de ces derniers. Mais cette extrême promptitude du démarrage n'a de valeur que pour les tramways où les arrêts sont très fréquents.

Pour les chemins de fer, les moteurs polyphasés sont ceux qui s'imposeront, par la raison essentielle que la force devra se transporter à grande distance, que le transport à grande distance n'est possible économiquement qu'avec des courants alternatifs et que la conversion des courants alternatifs en courants continus sur la locomotive même — transformation d'ailleurs possible — est une complication qui paraît inutile.

La conception qui vient naturellement à l'esprit pour les chemins de fer et qui va être réalisée à Berthoud-Thoune est la suivante : transporter la force d'une usine centrale, à vapeur ou hydraulique, le long de la ligne par un conducteur de courants alternatifs polyphasés à haute tension (15.000 ou 20.000 volts)(1), et alimenter les moteurs des trains par un conducteur de travail à basse tension, prenant le courant sur le conducteur à haute tension par l'intermédiaire de transformateurs statiques, simples caisses métalliques fermées à clef qui fonctionnent automatiquement sans surveillance.

Nous ne parlons que de la traction électrique avec prise de

(1) 20.000 volts à Buffalo, 15.000 volts à Thoune.

force sur un conducteur alimenté par une usine centrale, parce que c'est la seule qui puisse donner des résultats économiques pour un fort trafic. La traction par accumulateurs est encore trop coûteuse pour être employée en dehors de cas très spéciaux. Quant à la traction par locomotives électriques traînant avec elles leur usine à vapeur, type Heilmann, c'est évidemment un procédé d'attente, destiné à étudier le moteur lui-même avant qu'on passe à l'application du transport de la force à tous les convois. En fait, le succès de la traction électrique est dû jusqu'à présent à l'emploi d'usines centrales.

Au point de vue technique, on peut dire que toutes les questions relatives à l'emploi de la traction électrique sur les chemins de fer sont déjà résolues. La locomotive Heilmann montre toute la souplesse de la locomotive électrique, même alourdie par son usine à vapeur. L'expérience faite à Baltimore montre d'autre part que de puissantes machines de 1.000 chevaux peuvent prendre leur force sur des conducteurs dans des conditions aussi sûres que de simples voitures de tramways de 25 chevaux. L'expérience de Lugano montre tous les avantages de la traction directe par courants polyphasés. Il ne s'agit que de combiner des éléments déjà connus pour créer en grand la traction électrique sur nos chemins de fer.

Au point de vue économique les choses n'apparaissent pas avec la même netteté.

En 1896, M. de Marchina terminait un mémoire de la Société des Ingénieurs civils de France par les conclusions suivantes : « On peut estimer à une moyenne de 30.000 à 40.000 francs par kilomètre les frais de transformation du mode de traction de nos chemins de fer. Les plus-values de recettes et les économies d'exploitation couvriront probablement plus que l'intérêt et l'amortissement des dépenses supplémentaires. »

Il nous paraît difficile d'arriver à des conclusions aussi générales.

Plaçons-nous tout d'abord dans le cas où la force des usines centrales doit être obtenue par la vapeur.

Il est clair que la traction électrique s'appliquera d'autant mieux aux chemins de fer que l'exploitation de ceux-ci se rapprochera davantage de celle des tramways et des métropolitains, c'est-à-dire que le nombre des trains sera plus grand. L'électricité conviendra donc aux chemins de fer à grand trafic (1) ; parce qu'il y

(1) L'essai de la traction électrique sera donc à faire au préalable aux abords de Paris et de Lyon, sur les lignes qu'il s'agit actuellement de dédoubler aux abords de ces villes.

a dans l'installation des conducteurs des frais de supports indépendants du trafic, qui ne sont pas acceptables pour un faible trafic, et parce qu'une usine centrale ne peut convenablement fonctionner que si elle commande à la fois et constamment au moins quatre convois circulant simultanément, ce qui exige pour une distance de transport de force de 30 kilomètres (usines centrales espacées de 60 kilomètres) une recette kilométrique d'une centaine de mille francs au moins par kilomètre avec la composition actuelle des convois, une recette de cinquante mille francs en dédoublant les convois.

Dans le cas de la ligne de Lyon à Marseille, qu'on peut considérer jusqu'à Tarascon comme une ligne à quatre voies (rive droite et rive gauche réunies) de 250.000 francs de recette par kilomètre, des usines centrales espacées de 60 kilomètres feraient marcher simultanément huit trains. L'aménagement des conducteurs de force coûterait quelque chose comme 150.000 francs par kilomètre. L'opération serait-elle avantageuse au point de vue économique? Cela paraît douteux. Il y aurait économie de combustible par rapport à la consommation actuelle, parce que la locomotive ordinaire est une machine à détente variable qui ne fonctionne pas dans de bonnes conditions pour l'économie de charbon. Sur ce point il ne semble pas y avoir de doute ; cela résulte des observations faites aux Etats-Unis et même des observations faites sur les locomotives Heilmann qui consomment moins de charbon que des locomotives ordinaires ; des usines centrales à vapeur, marchant à 1 kilogramme de houille par heure et par force de cheval, consommeraient encore moins de combustible que les locomotives Heilmann. Il y aurait peut-être économie de personnel, car, pour les trains de faible vitesse, on pourrait supprimer l'aide du mécanicien. Il y aurait presque sûrement économie sur l'entretien et l'amortissement du matériel générateur et récepteur de la force, du moins à moteurs polyphasés, car des moteurs aussi simples devraient coûter bien moins cher d'entretien que les chaudières des locomotives à à vapeur. Mais l'économie ainsi réalisée paierait-elle : 1° l'entretien des chaudières des usines centrales ; 2° l'intérêt et l'amortissement du capital de 120.000 à 150.000 francs à dépenser pour les conducteurs? Cela n'est point certain, bien que les conducteurs représentent un matériel fixe et presque indestructible pour lequel l'intérêt et l'amortissement ne seraient à compter qu'à 5 ou 6 p. 100 pour 99 ans. On commence à peine en effet à savoir ce que durera le matériel roulant électrique à courants continus et une expérience en grand n'a pas encore montré quelles économies on pourrait retirer de l'emploi du matériel à courants polyphasés.

Dans ces conditions, il est tout naturel que les Compagnies se tiennent sur la réserve, bien qu'elles aient commencé à étudier la question. Avec des usines à vapeur, elles auraient tous les inconvénients d'une expérience nouvelle en n'ayant que fort peu à gagner. Elles redouteraient d'ailleurs d'être poussées trop rapidement par les exigences du public vers l'accroissement des vitesses des trains de voyageurs.

La traction électrique par usines centrales se prêterait, au point de vue technique, à l'augmentation de la vitesse des trains de voyageurs (1), parce que la suppression de l'usine ambulante génératrice de force dans la locomotive à vapeur ordinaire ou dans la locomotive Heilmann, permet d'économiser à peu près un tiers de la force dépensée et surtout parce qu'à l'usine centrale le moteur trouverait la réserve de force nécessaire pour aborder les rampes à la même allure que les pentes. L'électricité permettrait de porter de 66 à 100 kilomètres à l'heure la vitesse commerciale de nos express ou rapides, et cela sans qu'on soit obligé d'apporter à l'infrastructure et à la superstructure des voies ferrées aucun autre changement que ce qu'exigerait le transport de la force. Il n'y aurait à changer les voies que pour des vitesses supérieures à 150 ou 200 kilomètres, qu'on n'est pas près de réaliser. Déjà nos voies supportent le passage de locomotives à vapeur allant à 130 kilomètres à l'heure. A plus forte raison supporteraient-elles des locomotives électriques marchant à 150 kilomètres, car la traction supprime dans les moteurs tout choc et tout mouvement dissymétrique par rapport aux trois axes du moteur. Or une vitesse technique soutenue (2) de 125 kilomètres à l'heure suffirait complètement pour réaliser des vitesses commerciales de 100 kilomètres. Pareille vitesse serait supérieure de 50 p. 100 aux vitesses maxima d'aujourd'hui ; le progrès réalisé

---

(1) Surtout avec les moteurs polyphasés qui marchent d'eux-mêmes à vitesse constante.

Les moteurs électriques sont d'autant moins coûteux et ont un rendement d'autant plus grand qu'ils marchent plus vite. La traction électrique convient donc mieux aux grandes qu'aux faibles vitesses. Les locomotives de grandes vitesses auraient leurs moteurs montés directement sur les essieux (moteurs *gearless*). Les locomotives des trains de marchandises auraient seules besoin d'engrenages réducteurs de vitesse, comme les voitures de tramways.

(2) Comme on l'a dit, les moteurs polyphasés seraient parfaits pour soutenir régulièrement l'allure.

On peut ajouter que la traction électrique par usines centrales se prête très facilement à l'application du *block-system* qui fonctionnerait automatiquement au moins jusqu'à un certain point ; deux trains ne pourraient s'engager sur la même section du block sans que leur allure ne fût à tous deux ralentie.

d'un coup serait donc très marqué, et il n'y aurait pas d'intérêt sérieux à aller au-delà. Mais le public réclamerait des augmentations de vitesse pour tous les trains, sans vouloir payer plus qu'aujourd'hui. Or l'accroissement de la vitesse moyenne se paie par un accroissement des frais de traction.

Avec des usines centrales la force consacrée à la traction devrait fatalement devenir plus grande aujourd'hui : 1° parce que la vitesse moyenne des trains augmenterait ; 2° parce que l'emploi de l'électricité conduirait à l'emploi de trains plus légers, et par suite plus nombreux sur toutes les lignes non encore encombrées où il faudrait faire des trains deux ou trois fois plus légers qu'aujourd'hui pour se rapprocher des conditions d'exploitation des tramways. Or l'augmentation du nombre des trains pour un même trafic augmente nécessairement la force dépensée. On comprend donc que les Compagnies de chemins de fer considèrent la traction électrique comme une innovation où elles auraient quelque chose à perdre et où elles n'auraient rien à gagner, avec des usines centrales à vapeur.

Avec des usines centrales hydrauliques, il en est autrement, si ces usines peuvent être échelonnées sur tout le parcours d'une grande ligne (1), et si elles disposent d'une force presque indéfinie comme ce serait le cas en France sur la seule ligne de Lyon à Marseille. Avec ces usines il suffirait que le prix de revient de l'entretien du matériel (roulant et des usines) à courants polyphasés fût d'un tiers inférieur au coût de l'entretien des locomotives pour que l'intérêt et l'amortissement des 150.000 francs que coûteraient les conducteurs de force fussent payés. Dans ces conditions, qui paraissent déjà vraisemblables, les usines hydrauliques donneraient à la Compagnie une économie qui serait celle du combustible, soit d'une quinzaine de mille francs par kilomètre et par an. De plus, une fois les usines aménagées pour les besoins actuels, une force supplémentaire serait si peu coûteuse que la Compagnie pourrait aisément donner satisfaction au public en augmentant la vitesse de tous les trains de voyageurs. Elle pourrait même obtenir une meilleure utilisation de son matériel roulant pour marchandises en le faisant circuler plus vite, ce qui serait d'autant plus naturel que la voie ferrée n'aurait plus que le transport des voyageurs et des marchandises de prix, toutes les marchandises

---

(1) Pour une ligne de faible longueur, une usine hydraulique pourrait encore convenir pour un trafic moindre que celui qu'exigerait une usine à vapeur, car si la force coûte bon marché, on pourra s'accommoder d'une dépense de force variable, l'usine ne faisant marcher qu'un seul convoi à la fois.

lourdes prenant la voie fluviale. Toutes les manutentions en gare seraient faites avec des appareils électriques déjà complètement étudiés (1).

L'application de la traction électrique limitée aux tronçons Lyon-Marseille et Lyon-Saint-Etienne échapperait aux deux objections principales faites à l'emploi d'usines centrales : facilités données en temps de guerre pour l'arrêt de la circulation par destruction des usines et mise au rebut des locomotives à vapeur existantes. La ligne de Lyon-Marseille est assez loin des frontières pour qu'on n'ait pas à s'arrêter aux considérations stratégiques (2). Quant aux locomotives à vapeur existantes, elles devraient trouver leur emploi sur le reste du réseau P.-L.-M. et sur les autres réseaux.

A 50 ou 60 chevaux-vapeur par kilomètre effectivement utilisés aujourd'hui correspondraient une centaine de chevaux hydrauliques aux usines. En augmentant la vitesse moyenne des trains, comme il a été dit ci-dessus, sans augmenter leur vitesse maxima, on devrait compter sur 150 chevaux-hydrauliques. En tenant compte de la force nécessaire à la traction des bateaux sur le canal et des accroissements presque certains du trafic, c'est à près de 200 chevaux hydrauliques qu'il faudrait arriver par kilomètre, soit à l'établissement d'usines de 9000 chevaux au préalable, à porter rapidement à 12000 par accroissement du débit des dérivations (8 mètres de chute et dérivation de 150 mètres cubes, puis 200 mètres cubes), tous les 60 kilomètres. Ces conditions pourraient être aisément réalisées.

On obtiendrait une économie annuelle de combustible de 5 à 6 millions en même temps que des bénéfices importants pour le public.

Traction des chalands. — On a vu que la batellerie trouverait sur le canal de dérivation, sinon sur le Rhône canalisé, un courant d'une vitesse de 0^m,90 par seconde, même de 1 mètre à la surface de l'eau. Bien que cette vitesse soit insignifiante par rapport aux vitesses du Rhône d'aujord'hui, elle suppose la traction mécanique dans un canal, surtout dans un large canal.

Le prix de revient de la traction mécanique dépend essentiellement de l'importance du trafic. Même sur des canaux ordinaires, où l'eau n'a pas de vitesse, il était déjà reconnu que la traction mécanique par câbles était plus avantageuse que la traction par

---

(1) Voir dans le *Génie Civil* les articles de MM. Dumont et Baignières.
(2) Dont on n'a pas tenu compte d'ailleurs pour la ligne de Fayet à Chamonix.

chevaux pour un trafic d'un million de tonnes ramené à la distance entière.

Là encore la traction électrique paraît plus avantageuse que toute autre. Même pour les canaux à petits trafics on l'expérimente sous forme du « bachot propulseur » appliqué à chaque chaland ou du « chariot haleur » traînant un convoi en circulant sur rails sur la rive (1), en prenant la force sur un fil aérien par un trolley. La traction électrique s'imposerait sur le canal du Rhône puisqu'on aurait tout le long du fleuve des usines génératrices d'électricité et des conducteurs de haute tension, les feeders des fils à basse tension. Un échange brusque de trafic qui se ferait entre le chemin de fer et la voie navigable ne pourrait de la sorte gêner les usines centrales, les mêmes machines électriques mettant en mouvement tout l'ensemble.

Grâce au bon marché de la force, on pourrait employer économiquement les bateaux-écluses pour la traversée des points de sujétion, tels que le défilé de Donzère, en attendant l'aménagement complet du fleuve.

Les chalands pourraient circuler à l'allure relativement rapide de 1^m,10 par seconde ou de 4 kilomètres à l'heure, double de celle donnée par les chevaux sur les canaux ordinaires. Avec des écluses éclairées à l'électricité ils circuleraient nuit et jour et atteindraient une vitesse commerciale de 60 à 70 kilomètres par 24 heures qui est suffisante pour toutes les marchandises communes.

Dragage électrique. — Enfin certains bateaux, prenant encore la force aux conducteurs parrallèles au fleuve, travailleraient à l'approfondissement et à l'élargissement de la section mouillée, en renvoyant les déblais aux cavaliers par des transporteurs (2).

Le fleuve travaillerait lui-même à l'achèvement de son aménagement.

Récapitulation des forces motrices disponibles et de leur emploi. — On a vu que des dérivations à 150 mètres cubes suffiraient tout d'abord partout, si ce n'est pour les usines de Ternay et de Sablons qui donneraient la force à la région de Saint-Etienne. En supposant les dérivations de ces usines seules faites à 300 mètres

(1) Des essais ont été faits sur le canal de Bourgogne par la Société de Traction électrique sur les voies navigables, sous la direction de M. Galliot.

A la suite de ces essais, une installation industrielle vient d'être faite sur les canaux de la Deule.

(2) Voir, à l'*Engineering* du 9 octobre 1896, la description d'une drague électrique à sept moteurs triphasés.

cubes, on aurait les forces suivantes, correspondant à des forces
en chevaux-vapeur actuellement utilisés qui sont indiquées en
regard :

	Force hydraulique	Force en chevaux-vapeur utilisés actuellement
De Lyon à l'Isère..	108000 chevaux.	58000
	(minimum 70000)	
De l'Isère au Lez..	84000	5000
De Lez à Tarascon.	27000	18000
Total	219000	81000
	(minimum 181000)	

Les usines du chemin de fer prendraient 45000 à 50000 chevaux. En comptant un cheval électrique comme équivalant, tout
compte fait, à 3/4 de cheval-vapeur et en admettant que l'électricité supprimerait au moins les trois quarts des chevaux-vapeur,
on voit que l'industrie privée devrait absorber très rapidement
81000 chevaux auxquels il y aurait lieu d'ajouter 5000 chevaux
pour l'éclairage des villes et 50000 chevaux pour les chemins de
fer et le canal, 30000 chevaux pour l'agriculture si on commen-
çait les canaux d'irrigation. Total : 166000 chevaux Si on tient
compte des tramways existants ou à créer dans les villes importantes de la région, on voit que les dérivations à 150 mètres cubes
deviendraient bientôt insuffisantes, sans supposer un changement
complet dans le pays, pour la région de Lyon à l'Isère et pour
celle de Lez à Tarascon. Il y aurait donc lieu d'agrandir progressivement les dérivations dans ces deux régions, au moyen de
dragues hydrauliques.

Il en serait de même pour la région comprise entre l'Isère et le
Lez, bien qu'elle soit actuellement la moins industrieuse, parce
que l'accroissement de force y reviendrait à très bas prix, car
c'est là que le fleuve a la pente la plus forte.

Le canal complètement aménagé avec les dérivations à 300
mètres cubes donnerait progressivement et à peu de frais 184000
chevaux de plus qui, distribués dans toutes les villes et dans
toutes les bourgades, devraient transformer le pays.

Il n'est pas aisé d'apprécier exactement ce que vaudra toute
cette force. On arrivera dans l'avenir à des chiffres énormes.
Quant aux 86000 chevaux que l'industrie privée devrait absorber
rapidement, ils auraient une valeur variable, suivant l'éloigne-
ment de la localité où la force serait employée et suivant la
nature de l'industrie. Il paraît toutefois bien difficile de compter

que chaque cheval-hydraulique économisera à la Société moins
de 50 francs par an et vaudra moins de 1000 francs, avec un intérêt de 5 p. 100 par an (déduction faite des frais de transports).
Avec les chevaux employés à la traction des chemins de fer et des
bateaux, on crée immédiatement un capital qu'on peut apprécier
à quelque chose comme deux cents millions par an. La force
nécessaire au relèvement de l'eau pour l'agriculture a bien aussi
sa valeur : nous ne la comptons toutefois que pour mémoire, car
l'agriculture ne paie que bien lentement les irrigations.

IV. — LA VOIE NAVIGABLE

Comme celle de la force motrice, l'utilité de la navigabilité du
Rhône ne peut s'estimer qu'en centaines de millions.

Actuellement les riverains du Rhône ont l'illusion de voir un
fleuve navigable, parce que beaucoup d'eau passe sous leurs yeux,
En réalité, avec un tirant d'eau qui s'abaisse à $1^m,60$ à l'étiage et
avec des vitesses de 2 à 4 et 5 mètres, la navigation est si pénible
que le prix de revient de la tonne kilométrique (de 0 fr. 02 à
0 fr. 03) est supérieur au prix de revient de la tonne kilométrique
(0 fr. 02) sur chemin de fer. Aussi bien, malgré l'élévation relative des tarifs d'une Compagnie qui est obligée de faire payer
l'intérêt du capital dépensé, tandis que l'usage de la voie navigable est gratuit, le fleuve ne prend que la dix huitième partie du
tonnage total qui circule le long de la vallée.

Cet état du Rhône est d'autant plus fâcheux pour l'intérêt
national que le fleuve est le tronc, actuellement stérile, de toute
une ramure de canaux qui aboutissent dans la Saône, son prolongement naturel. La Saône qui, par une bizarrerie de la nature,
a une pente très faible, cinq ou six fois plus faible que celle de
thalweg du fleuve entre Lyon et Tarascon, est naturellement
navigable ; elle se trouve en communication avec la Loire et la
Seine par le canal du Centre et par le canal de Bourgogne, avec
la Moselle par le canal de l'Est, avec le Rhin par le canal du
Rhône au Rhin, et devra bientôt être reliée avec la Marne par le
canal de la Marne à la Saône. Tous ces canaux qui convergent sur
la Saône se trouvent en réalité ne pas communiquer avec la
Méditerranée. De même pour le canal de Givors qui, transformé
et prolongé jusqu'à Saint-Etienne, mettrait, par le Rhône aménagé, la région du Gier en communication avec la mer. De même
le canal des Etangs, qu'on va améliorer, aboutissant à un fleuve
trop pénible à remonter, se trouve inutile pour la région de Lyon.

C'est par un véritable acte de foi dans l'avenir que Lyon et Marseille ont défendu si âprement jusqu'à présent les intérêts de la navigation et que Marseille (Ville et Chambre de commerce), a voté 40 millions pour l'exécution du canal de Marseille au Rhône dont le projet, estimé à 80 millions, est actuellement soumis aux Chambre. Ce canal sera quelque chose comme l'équivalent du canal du Havre à Tancarville, mais il ne prendra toute sa valeur que lorsque le Rhône sera transformé de façon à offrir comme la Seine un tirant d'eau de $3^m,20$ et de faibles vitesses.

Il sera aisé, on l'a vu, d'obtenir ce tirant d'eau de $3^m,20$. L'exemple des canaux de l'Inde montre que, sur les dérivations de 150 mètres cubes, cette profondeur pourra facilement se maintenir (1). Avec le débit de 300 mètres cubes on pourrait atteindre 4 mètres et même plus si on voulait. Or les profondeurs de 3 à 4 mètres donnent à la batellerie fluviale toutes facilités pour réduire son prix de revient au minimum, et il ne saurait être question d'employer autre chose que la batellerie fluviale, qui avec la traction électrique devrait donner des prix de transport extrêmement bas.

Comme la Seine canalisée d'aujourd'hui, le Rhône, avec des dérivations de 150 mètres cubes et des profondeurs de $3^m,20$, pourrait recevoir des chalands de 1000 tonnes. Le prix de revient de la tonne kilométrique pourrait descendre, comme sur la Seine, dans le voisinage de 0 fr. 01 avec la traction à vapeur. Avec la traction électrique appliquée à un énorme tonnage, le prix de revient devrait descendre encore plus bas et tomber à la valeur des frets maritimes. Lyon deviendrait, toutes proportions gardées, le Chicago de la France.

On sait que depuis une vingtaine d'années une sorte de triage s'est fait entre les différentes voies navigables de la France ; le trafic a diminué sur les petites et augmenté sur les grandes. Le tonnage des marchandises pauvres, matériaux de construction, houilles, minerais et engrais, a une tendance à augmenter rapidement ; il augmentera sans doute bien plus encore au siècle prochain, qui verra selon toute apparence le développement de la culture intensive en Europe.

Le long des principales dépressions de la France on devra donc améliorer les voies navigables, vis-à-vis desquelles les che-

____

(1) L'accroissement du tirant d'eau ne comporte de difficultés que dans le lit du fleuve lui-même, en ce qu'il augmente la hauteur mouillée des barrages mobiles et nécessite l'emploi de bateaux-écluses aux traversées du fleuve où on n'établit pas de barrages mobiles.

mins de fer ne feront qu'office de camionnage pour les marchandises pauvres.

Ces grandes voies navigables améliorées doivent être longues
et peu nombreuses, car il faut de longs parcours et de très gros
tonnages pour que l'économie réalisée puisse justifier la dépense
à faire. Sur les canaux ordinaires la tonne kilométrique revient à
0 fr. 02 là où elle revient 0 fr. 03 sur les voies ferrées. Sur une
rivière canalisée comme la Seine, elle revient, avec la traction à
vapeur, à un chiffre voisin de 0 fr 01 là où elle coûte 0 fr. 02 sur
le chemin de fer. C'est, en chiffres ronds, une économie de 0 fr.01
seulement, si l'on fait abstraction des tarifs, qui sont quelque
chose de conventionnel, et si l'on ne tient compte que des prix de
revient. L'économie est même moindre si l'on tient compte des
frais de manipulation aux extrémités du parcours et des prix
d'entretien de la voie d'eau. Pour obtenir une économie de 10000
francs par an et par kilomètre, il faut un trafic d'un million de
tonnes au moins.

Sur le Rhône, avec des marchandises manipulées sur chalands
dans le port de Marseille, le canal de Marseille à Beaucaire sup-
posé fait, les frais de manipulation à cette extrémité du parcours
ne pourraient être que tout au plus égaux à ceux de la voie ferrée.
A l'autre extrémité il n'y aurait de frais supplémentaires que
pour les marchandises qui devraient être reprises par chemins de
fer sur les ports fluviaux. Les frais de traction proprement dits
étant extrêmement réduits, l'économie nette réalisée devrait être
au moins égale à 0 fr. 01 par tonne kilométrique. Toutes les marchandises ordinaires et non pas seulement les marchandises pauvres, les céréales et les vins comme la houille et les engrais,
devraient prendre la voie d'eau, car le transport s'y ferait avec
une vitesse commerciale bien plus grande qu'aujourd'hui.

La Seine à l'aval de Paris prend à peu près la moitié du tonnage
total des marchandises, ramené à la distance entière, bien que le
parcours du chemin de fer soit sensiblement plus court que celui
de la voie d'eau. Le Rhône aussi court que le chemin de fer, aménagé comme on l'a dit et prolongé par la Saône, devrait prendre
sur les 3.500.000 tonnes du trafic total de la vallée non plus la dix-
huitième partie, mais la presque totalité si un péage n'intervenait
pas comme dans les tarifs de chemin de fer pour toutes les marchandises autres que les marchandises très pauvres.

Un péage serait nécessaire pour ne pas favoriser une région
spéciale de la France, en imposant au reste du pays une lourde
garantie d'intérêts pour le P.-L.-M. Le péage devrait être établi
de manière que l'économie nette réalisée par le public par rapport

au tarif du chemin de fer fût toujours de 0 fr. 01 par tonne kilométrique. Ce péage restant toujours versé au compte du P.-L.-M.,
le régime des conventions passées avec cette Compagnie ne serait
pas profondément troublé. La Compagnie pourrait même exploiter
la voie fluviale.

Dans ces conditions, en admettant que la moitié seulement du
trafic actuel prît la voie d'eau, cela donnerait pour 1.750.000
tonnes une économie de 17.500 francs par kilomètre procurée au
public. Mais il n'est pas nécessaire d'être optimiste pour prévoir
que la création d'usines nouvelles, les facilités données aux ap-
provisionnements de l'industrie de Saint-Etienne, de l'industrie
de l'Est et de l'agriculture d'un tiers de nos départements crée-
raient un trafic spécial d'un million de tonnes de marchandises
pauvres. L'exemple du Rhin est là pour montrer ce que peut
devenir le Rhône; en une vingtaine d'années, de 1870 à 1892, le
trafic a triplé à Emmerich pour atteindre cinq millions de tonnes
en 1892 et il augmente toujours. Pour 2.750.000 tonnes prenant
la voie fluviale, le bénéfice donné au public serait de 27.000 francs
par kilomètre, pour le parcours entre Lyon et Tarascon.

Mais ce tonnage serait loin de s'arrêter en entier à Givors et St-
Etienne. Le nombre de tonnes kilométriques sur les canaux
affluents devrait être de même importance que le nombre de tonnes kilométriques constatées entre Lyon et Tarascon. Rapportée
à la longueur de ce dernier parcours, l'économie totale serait donc
de quelque chose comme 50.000 francs par kilomètre. A 4 p. 100
d'intérêts et d'amortissement des installations, cela représente un
capital de 1.200.000 francs par kilomètre ou de 315 millions au
total.

Le bénéfice total donné à la France par l'aménagement du
Rhône serait ainsi, si l'on se reporte à ce qui a été dit pour la
force motrice, d'un demi milliard, même en réduisant d'un quart
l'économie appréciée plus haut pour l'emploi de la traction électrique sur le chemin de fer, en tenant compte de la diminution du
trafic des marchandises de la voie ferrée. Un demi-milliard sans
compter les facilités données à l'agriculture pour ses irrigations.

Cela pour une dépense d'un quart de milliard seulement, avec
des dérivations à 150 mètres cubes, sauf sur quelques tronçons à
300 mètres cubes, donnant 300.000 chevaux, avec la facilité, en
augmentant la dépense de moins de 90 millions, de se procurer
184.000 chevaux de plus.

V. — LE LAC DU BOURGET

Le Rhône et ses affluents sont presque les seuls cours d'eau de France qui peuvent donner des forces considérables aux époques d'étiage. On peut ajouter que le Rhône est le seul fleuve français dont le régime déjà bon puisse être amélioré par des réservoirs : le lac de Genève et le lac du Bourget.

Sur une grande partie de la longueur du fleuve, les forces motrices à employer dans un avenir prochain, avec le débit d'étiage actuel, paraissent supérieures aux besoins. Mais il n'en est pas de même pour le tronçon de Lyon à Tournon, où d'ailleurs le fleuve, aménagé par des barrages mobiles, se prêterait presque sans frais à l'accroissement de la force motrice minima si le débit d'étiage était relevé de 210 à 300 mètres cubes. Un accroissement du débit d'étiage serait particulièrement utile pour les usines desservant la région de St-Etienne et pour celle du canal de Jonage, desservant Lyon, dont il pourrait doubler la force.

En attendant que tout le Rhône fût aménagé, le relèvement du débit d'étiage améliorerait beaucoup les conditions de la navigation à l'amont de Lyon ; à l'aval de Lyon, il donnerait d'ailleurs des facilités à la navigation ancienne par batellerie à vapeur, suivant le fleuve à la descente et à la navigation nouvelle par chalands aux points de traversée du fleuve. Si le débit d'étiage était relevé d'une centaine de mètres cubes, on pourrait exécuter des dérivations à 150 mètres cubes sans qu'on aperçût de changements appréciables dans le régime du fleuve lui-même.

Lorsque tout le Rhône serait complètement aménagé, le relèvement de 100 mètres cubes du débit d'étiage aurait d'ailleurs pour effet d'augmenter la force motrice minima d'autant de milliers de chevaux qu'il y a de mètres de chute (220) entre le lac-réservoir et la mer.

Nous arrivons donc à l'époque où l'aménagement d'un lac en réservoir peut présenter, même en pays pluvieux, où les irrigations n'ont pas grande importance, plus d'intérêt au point de vue du relèvement du débit d'étiage qu'au point de vue de la correction des grandes crues, le seul auquel on s'était placé jusqu'ici.

Le lac de Genève serait précieux pour la correction du régime du Rhône Valaisan ; mais, en 1884, on a aménagé le Rhône à la sortie du lac pour fournir de la force motrice à la ville, en relevant d'une vingtaine de mètres le débit d'étiage et on ne pourra utiliser comme réservoir une tranche d'eau de 1 ou 2 mètres (400 à 800

millions de mètres cubes) que le jour où le relèvement du débit
d'étiage sur toute la longueur du fleuve aura pris assez d'importance pour qu'on fasse les frais d'un nouvel aménagement dans
le voisinage de Genève : cet aménagement consisterait à réduire
la force motrice utilisée sur le fleuve à sa sortie même du lac et à
remplacer la force supprimée par une puissance équivalente qu'on
prendrait à l'aval et qu'on transporterait électriquement jusqu'à
Genève.

Avant d'en arriver là, il serait plus aisé d'aménager le lac du
Bourget, qui d'ailleurs permet de corriger les crues d'un plus
grand bassin hydrographique.

Bien que de dimensions fort modestes par rapport au Léman,
le lac du Bourget a encore une surface de 44 kilomètres carrés ;
une tranche d'eau d'un mètre d'épaisseur y représente 44 millions de mètres cubes, le double de la capacité des grands barra-
ges-réservoirs construits en Algérie, le décuple de la capacité
des réservoirs ordinaires des canaux. Or on peut utiliser une
tranche d'eau d'une douzaine de mètres de hauteur, soit un
réservoir de plus d'un demi-milliard de mètres cubes de capacité.

On sait que le Rhône passait autrefois, à une époque géolo-
gique récente, par le lac du Bourget. Aujourd'hui encore, s'il
n'était contenu par ses digues il se déverserait en temps de crue
dans le marais de Chantagne, à partir de Serrières, et porterait
le niveau du lac en temps de crue jusqu'à la cote 246, la cote
d'étiage étant 231,50. Les digues interdisant l'accès des crues
dans le marais au-dessus de Vions, le fleuve ne pénètre dans le
lac que par le canal de Savières, aux hautes eaux, atteignant la
cote 234 ou extraordinairement la cote 235 ; en temps ordinaire,
le canal de Savières coule du lac au fleuve. Le travail humain a
jusqu'ici combattu l'œuvre du lac, qui est de régulariser l'œuvre
du Rhône, au lieu de la favoriser.

Le niveau du lac se relevant chaque année, malgré les digues,
à la cote 234, on pourrait prendre cette cote pour le niveau
extrême du Bourget transformé en réservoir. Il suffirait pour cela
d'établir une digue d'un demi-kilomètre de longueur, supportant
une pression d'eau insignifiante (de 0 à $1^m,50$) et de construire au
lieu dit les Granges une écluse de $2^m,50$ de chute maxima pour
les bateaux à vapeur de plaisance qui circulent entre Aix et Lyon.

On puiserait l'eau dans le lac par un tunnel normal à la rive
ouest, aboutissant à Lagneux, où il se transformerait en une
tranchée à ciel ouvert, qui finirait au Rhône à Yenne, à la cote
d'étiage 221,40. La tranchée aurait à Lagneux, où se trouve actuellement un marécage, une profondeur de quelques mètres seule-

ment. Elle serait établie avec une pente de 0^m,10 par kilomètre ; comme elle aurait 3 kilomètres de longueur, le plan d'eau serait à Lagneux à la cote 221,70.

Le tunnel aurait 4.800 mètres de longueur. Il prendrait une pente de 0^m,10 par kilomètre, correspondant à une chute de 0^m,50. La cote la plus basse du plan d'eau dans le lac serait 222,20 ; elle serait inférieure de 9^m,30 à la cote d'étiage actuelle (231,50). La tranche d'eau totale utilisée, comprise entre la cote 234,00 et la cote 222,20, aurait une épaisseur de 11^m,80 et une capacité de 500 millions de mètres cubes d'eau.

Un abaissement de 9^m,30 de la hauteur du plan d'eau à l'étiage ne pourrait nuire ni à l'aspect du lac, ni à la salubrité de ses bords, car les berges plongent si rapidement qu'un abaissement même de 20 mètres ne change presque rien à la surface mouillée. Il entraînerait seulement la nécessité, pour ne pas supprimer la navigation de plaisance entre Aix et Lyon, d'établir au Portot, à l'origine du canal de Savières, un escalier de deux écluses accolées, destinées à racheter la chute maxima de 9^m,30.

Le tunnel serait établi en siphon. On trouverait à cela deux avantages : 1° la section totale d'un tunnel de forme circulaire serait utilisée aux basses eaux, tandis qu'avec un tunnel qui ne siphonnerait pas on devrait employer, pour avoir une section suffisante avec une faible hauteur, une série de galeries surbaissées qui coûteraient beaucoup plus cher à égalité de débit ; 2° cette disposition se prêterait dans l'avenir à de nouveaux abaissements du plan d'eau.

La capacité initiale de 500 millions de mètres cubes suffirait d'ailleurs pour relever d'une centaine de mètres cubes le débit d'extrême étiage, car elle correspond à un débit moyen de 64 mètres cubes pendant 90 jours et le débit moyen représente à peu près les deux tiers du débit maximum à fournir au fleuve. Avec des périodes d'étiage d'au plus trois mois, le réservoir permettrait de relever à Yenne le débit d'extrême étiage de 130 à 230 mètres cubes (débit moyen 300 à 400 mètres cubes).

On sait que les périodes d'étiage ne coïncident ordinairement pas à Lyon pour le Rhône et pour la Saône. La Saône a un étiage d'été (juillet, août, septembre) et le Rhône un étiage d'hiver (décembre, janvier, février). La capacité du réservoir pourrait donc être utilisée deux fois dans le courant de l'année, soit pendant deux périodes de trois mois. Comme d'ailleurs de courtes crues accidentelles pourraient se produire pendant les 180 jours de ces deux périodes, la capacité pourrait même servir plus de deux fois. Le réservoir de 500 millions de mètres corrigerait toutes les petites oscillations du fleuve aux basses eaux à Lyon, en augmentant son débit d'extrême étiage d'un débit de 100 mètres cubes dans les années les plus défavorables, de plus de 100 mètres cubes en années ordinaires.

Notons, du reste, en passant, que le tunnel fournirait de l'eau parfaitement claire, où la ville de Lyon songerait peut-être à prendre un débit de quelques mètres cubes et à l'amener sur ses coteaux pour les besoins municipaux.

Un débit de 100 mètres cubes est triple du débit d'étiage de la Seine à Paris, sextuple du débit d'étiage de la Loire à Châtillon. C'est le débit normal d'étiage de la Saône, de l'Isère, de la Durance ; c'est presque le double du débit d'extrême étiage de ces trois puissantes rivières. L'exécution du tunnel du lac du Bourget ferait donc plus qu'équivaloir à donner au fleuve un affluent de cette importance.

Dépenses. — Les dépenses sont d'ailleurs bien faibles par rapport au résultat à obtenir. Un tunnel circulaire de $8^m,50$ de diamètre ou elliptique de 9 mètres sur 8 mètres, bétonné, suffirait pour débiter 150 mètres cubes lorsqu'il n'y aurait plus dans le lac qu'une tranche d'eau de 1^m50 à 2 mètres au-dessus de la prise. Pareil tunnel exécuté dans le rocher sain, avec une seule attaque par l'aval, ne devrait coûter, sans les épuisements, que 1.000 et 1.500 francs par mètre courant, y compris un revêtement en béton. La roche est du calcaire sain qui n'exige ni boisages, ni revêtements épais en maçonnerie. Les épuisements pourraient, il est vrai, porter sur un gros cube, puisque le radier du tunnel serait en contre-bas des eaux du Rhône et des eaux du lac du Bourget ; mais toute l'eau viendrait s'accumuler par la gravité à l'origine ouest du tunnel, dans un puits où il serait facile de la reprendre à une dizaine de mètres de profondeur, par des pompes qu'on actionnerait au moyen d'une petite dérivation du Rhône, faite entre Etain et la tranchée de Lagneux. La même dérivation donnerait la force demandée par les pompes, les perforatrices, les ventilateurs et les petites locomotives électriques du transport des déblais.

L'art de creuser les longs tunnels n'est autre que celui de transporter la force à distance, combiné avec l'étude de la réduction du prix de revient des explosifs. C'est dire que cet art fait des progrès tous les jours et que récemment l'électricité vient de lui faire faire un grand progrès, en même temps que depuis vingt ans le prix des explosifs a baissé de moitié.

Une petite galerie placée au-dessus du tunnel serait peut-être utile pour assurer le bon fonctionnement du siphon, par évacuation de l'air au moyen de nombreux puits verticaux ; mais elle pourrait n'être faite qu'après coup, si l'expérience en démontrait la nécessité.

Les trois kilomètres de tranchée de Lagneux à Yenne pourraient coûter de deux à trois millions, y compris le rétablissement des voies de communication.

Les écluses du canal de Savières seraient établies sur le rocher, ce qui est une condition d'économie qui se rencontre bien rarement dans ces sortes d'ouvrages. Elles ne pourraient coûter plus de 1.500.000 francs au maximum.

En tenant compte de la petite digue à exécuter pour maintenir le niveau du lac aux hautes eaux et de menus travaux d'aménagement à exécuter au port d'Aix, la dépense totale, non compris le canal de remplissage, serait d'une dizaine de millions.

Le canal de remplissage aurait son origine à Vions. Il aboutirait à une sorte de petit golfe du Bourget, déjà traversé par le chemin de fer, qui se trouve au nord-est du lac. Il aurait 5 kilomètres de longueur avec une pente de 1 mètre par kilomètre. L'ouvrage de prise, avec ses vannages, serait appuyé sur le rocher de Vions.

Le canal de remplissage peut être compris de deux manières. Si l'on se borne au but exposé jusqu'ici qui consiste à relever le débit d'étiage, il suffit d'exécuter ce canal pour un débit de 200 mètres cubes, de telle sorte qu'en fonctionnant avec un débit moyen de 100 à 150 mètres cubes pendant 150 jours, il puisse remplir trois fois la capacité utile du réservoir chaque année. Pareil canal établi dans un marais absolument plat coûterait quelque chose comme 1.200.000 francs, avec son ouvrage de prise.

Mais quand on dispose d'un aussi vaste réservoir que celui du Bourget et de conditions aussi favorables pour l'adduction des eaux du Rhône, il est tout naturel d'employer ce réservoir à atténuer les crues du Rhône. On a déjà proposé, il y a quelque vingt ans, d'aménager le lac du Bourget dans ce but, sans songer toutefois à augmenter la capacité utile par un tunnel-siphon.

Il serait à la rigueur possible qu'une crue se produisit à la fin d'une période de hautes eaux, lorsqu'on aurait rempli le réservoir (tranche comprise entre les niveaux extrêmes) de la période sèche. Mais la probabilité serait pour qu'une crue se produisit au moment où le réservoir serait à moitié vide. Ne le serait-il qu'au tiers qu'il pourrait absorber pendant 24 heures une crue de 2.000 mètres cubes, soit la presque totalité du débit des fortes crues au droit du canal de Savières.

Un canal susceptible de prendre 2.000 mètres cubes au fleuve permettrait de diminuer d'un tiers les plus fortes crues du Haut-Rhône (6.000 mètres cubes) pendant vingt-quatre heures à Lyon, de diminuer d'un cinquième les plus fortes crues du Rhône entre Lyon et l'Isère. Or ce sont ces derniers milliers de mètres cubes qui causent les désastres. Le rôle du réservoir au point de vue de l'atténuation des innondations pourrait donc avoir une grande importance, et cela pour une dépense supplémentaire de deux ou trois millions. On pourrait d'ailleurs élargir et approfondir progressivement le canal.

Bref, l'aménagement du lac du Bourget coûterait de 11 à 14 millions, suivant les dimensions données au canal de remplissage. C'est un prix bien bas, comparé à tous les services que rendrait un réservoir d'un demi-milliard de mètres cubes. Il n'y a guère que sur le Haut-Nil qu'on puisse trouver une entreprise de régularisation de fleuve donnant plus facilement de plus grands résultats.

L'aménagement du lac du Bourget combiné avec l'agrandissement des dérivations de 150 mètres cubes à 300 mètres cubes donnerait 330.000 chevaux hydrauliques pour une centaine de millions.

VI. — RÉSUMÉ ET CONCLUSIONS

En donnant des chiffres pour les dépenses à consentir et pour les résultats à obtenir, nous n'avons pu qu'évaluer l'ordre de grandeur des uns et des autres ; nous avons trouvé qu'en dépensant 250 millions (1) on créait un capital d'un demi-milliard, productifs d'intérêts à 3 ou 4 p. 100.

Si l'on augmentait de moitié nos évaluations de dépenses et si l'on réduisait d'un tiers notre estimation de l'utilité, on aurait encore une entreprise financièrement justifiée.

De tous les travaux publics qui restent à exécuter en France l'aménagement du Rhône paraît donc être celui qui présente le plus d'intérêt. Il est vraiment étonnant qu'à l'époque où on accorde quelque attention à des projets aux titres sonores, comme le projet de Paris port de mer qui n'ajouterait presque rien aux économies de transport sur un fleuve déjà parfaitement aménagé, comme celui du canal des Deux-Mers qui tiendrait à

______

(1) Rappelons que les Anglais ont consacré 100 millions à leurs canaux de l'Inde et que les canaux de la Mohawk (Grands Lacs-New-York) doivent représenter une dépense de cette importance.

offrir à la grande navigation un canal dont elle ne voudrait pas, on néglige d'étudier le parti à tirer des immenses ressources offertes par notre plus beau fleuve à la navigation, à l'agriculture et à l'industrie.

L'opinion commence à réclamer l'achèvement et l'amélioration des voies navigables en France, mais sans plan d'ensemble. La région de l'Est voudrait l'achèvement du canal de la Marne à la Saône; celle de Saint-Etienne voudrait l'agrandissement et le prolongement du canal de Givors; celle du Languedoc l'amélioration du canal des Etangs; celle de Marseille le canal de Marseille au Rhône et l'utilisation de l'étang de Berre ; mais tous ces projets supposent au préalable l'aménagement du Rhône pour produire tout leur effet utile.

L'aménagement du Rhône produirait de tout autres effets que celui de la Loire, dont il est question en ce moment et qui ne pourrait servir qu'à la navigation, car la Loire a des débits d'étiage insignifiants.

Son utilité pour la France devrait être encore plus grande que ne l'a été celle de l'aménagement du Rhin pour l'Allemagne, qui a pourtant donné de merveilleux résultats.

Il est donc permis d'émettre le vœu que l'État étudie dans un avant projet d'ensemble les moyens de mettre en valeur les richesses latentes que le Rhône porte en lui.

Deux tronçons de l'avant-projet paraissent particulièrement intéressants à étudier : l'un entre Donzère et Mornas pour commencer les canaux d'irrigation par l'installation d'une usine hydraulique de refoulement des eaux, l'autre entre Ampuis et Sablons pour créer une usine de 33.000 chevaux à établir à Sablons, afin de distribuer l'énergie électrique dans la région de Saint-Etienne. Le barrage mobile à construire à Saint-Alban et la dérivation de 14 kilomètres à faire entre Saint-Alban et Sablons, le long de coteaux que le fleuve a battus autrefois de ses eaux, ne coûteraient peut-être pas une somme supérieure à celle que l'industrie pourrait mettre dans quelques années à une installation de transport de force.

Annexe B

Projet de M. A. DENÈFLE

MÉMOIRE

Pour la demande en concession d'un canal de navigation
latéral au Rhône

MÉMOIRE

POUR

La demande en concession d'un canal de navigation latéral au Rhône

---

La création d'un canal navigable reliant sans transbordement Marseille à Lyon et à l'ensemble du réseau de navigation intérieure de la France, a fait, depuis longtemps, l'objet de nombreuses études et a attiré à différentes reprises, l'attention des Pouvoirs publics.

L'opinion publique s'est très nettement prononcée en faveur de la réalisation de ce projet. Un Congrès, tenu à Lyon, et où étaient représentées 28 Chambres de Commerce, a formellement demandé la création d'une voie navigable dans la vallée du Rhône, notamment par canal latéral.

Est-il utile de rappeler les raisons qui ont guidé les délégués?

Le Rhône n'est pas actuellement navigable, malgré les travaux si importants et si difficiles qu'ont étudié et fait exécuter MM. les Ingénieurs des Ponts et Chaussées.

Non seulement les transbordements dégradent les marchandises, mais ils se compliquent, dans les bateaux, d'aménagements et d'arrimage ; leur coût équivaut à celui du transport sur plusieurs centaines de kilomètres. En outre, la nécessité d'un matériel spécial, l'absence de voies de halage, obligent à passer par de puissantes Compagnies qui ont un monopole de fait. On a tous les inconvénients du monopole, sans en avoir les avantages, ces Compagnies n'ayant ni obligations ni tarif homologués. Enfin, la rapidité du Rhône fait que la traction est chère, la navigation irrégulière, incertaine, interrompue tantôt par les basses eaux, et tantôt par les crues.

Aussi voyons-nous la navigation du Rhône rester absolument rudimentaire.

« Alors qu'à Hambourg l'importation confie 67 0/0 de son tonnage à la voie fluviale, nous voyons dans le bassin de la Seine, en aval de Paris, cette même voie fluviale transporter autant de marchandise que la voie ferrée ; sur le réseau de la Compagnie du Nord, 38 0/0 du trafic se fait par les voies navigables, tandis que seulement 6,5 0/0 du tonnage total de Lyon à la Méditerranée emprunte la voie du Rhône. »

Ces mots sont extraits d'un remarquable mémoire que vient de publier M. Estrine, Président de la Société pour la Défense du Commerce (*Hambourg-Marseille. Une zone franche à Marseille*(1). M. Estrine se prononce nettement pour l'urgence de la construction du canal de Marseille au Rhône, et son prolongement jusqu'à Lyon.

D'après le guide officiel de la navigation intérieure, le Rhône est classé comme suit :

Comme flottable. — De la frontière suisse au Parc.	33 k.
Comme navigable. — Du Parc à la mer.	489 k.
Longueur totale . . .	522 k.

La partie flottable est à peu près délaissée du Commerce. Celle navigable se divise en trois sections, dont je crois devoir rappeler sommairement les conditions de navigation :

1° La première section de 154 kilomètres, comprise entre le Parc et Lyon, offre à l'étiage, qui ne se produit pas tous les ans, un mouillage minimum de 0.60 ; l'enfoncement des bateaux ne peut alors dépasser 0.40, et la navigation est interrompue.

2° La deuxième section de 287 kilomètres, comprise entre Lyon et Arles, offre à l'étiage qui ne se produit pas tous les ans, un mouillage minimum de 1 m. 10, l'enfoncement des bateaux ne peut alors dépasser 0 m. 90.

3° La troisième section de 48 kilomètres, comprise entre Arles et la Mer, offre à l'étiage, un mouillage minimum de 1 m. 40.

C'est en considérant ces données officielles, que j'ai été amené à examiner les conditions défectueuses que la 2me section présentait, pour la navigation, comparativement aux autres voies navigables. Sur tous les canaux français où le plus fort tonnage est possible, le mouillage des bateaux est au moins de 1 m. 80, ce qui permet la navigation aux péniches portant 300 tonnes de marchandises, sous un volume relativement restreint.

(1) Marseille, Typographie Barlatier, rue Venture, 19.

Avec le réseaux de canaux que possède la France, soit dans le Nord, l'Est, le Centre, toute navigation peut arriver à Lyon, avec des bateaux d'un tonnage variant entre 75 et 300 tx, mais, par contre, aucun d'eux ne peut affronter la navigation du Rhône, entre Lyon et Arles.

La demande de concession pour la création d'un canal de navigation, entre Lyon et Marseille, a donc pour but de permettre à toute cette batellerie de pouvoir conduire les marchandises jusqu'à destination. Je poursuis ainsi l'idée d'établir une ligne de navigation intérieure entre Amsterdam (Mer du Nord) et Marseille (Méditerranée), en raccordant à cette ligne si importante, la Belgique avec Anvers, l'Allemagne par l'Alsace-Lorraine.

La réalisation de ce projet et l'établissement du canal latéral au Rhône ont pour base l'application de mon système de traction mécanique (électrique) des bateaux, qui permet d'assurer les moyens financiers qu'exige cette importante entreprise, sans demander à l'Etat le rétablissement de droits de péage quelconques et sans monopole aucun. Je demande seulement de pouvoir installer la traction électrique avec des prix, déterminés à l'avance, qui assureraient au commerce et à l'industrie des prix avantageux, permettant de transporter les marchandises entre Marseille, Lyon, et au-delà, et vice-versa, à des conditions particulièrement favorables, et rendant toute concurrence impossible pour un tonnage illimité.

Il paraît inutile d'insister davantage sur la navigabilité du Rhône, puisque, d'une part, il ne fait pas partie du réseau de navigation intérieure, et que, d'autre part, la batellerie n'y peut pas circuler.

Le projet du Canal de Marseille au Rhône, actuellement soumis au Parlement, aux fins de la déclaration d'utilité publique, et dont les ressources nécessaires à la construction sont assurées par le concours de l'Etat, de la Chambre de Commerce, du Département et de la Ville de Marseille, pourrait également bénéficier de l'intervention de la traction électrique. Cette application me semblerait de nature à faciliter le concours financier de l'Etat, tout en mettant à la disposition des mariniers appelés à fréquenter le nouveau canal, des moyens de traction permettant, seuls, de transporter les marchandises à un taux très inférieur aux frais actuellement perçus par les voies de fer, et pour la navigation trop restreinte qui se fait sur le Rhône, entre Marseille et Lyon.

Le prix de traction d'une tonne kilométrique, par les moyens électriques dont je dispose, peut varier (pour la perception à faire), de deux à douze millimes, ce qui permet de prélever sur les recettes, pour traction facultative ou obligatoire, jusqu'à la suppression des garanties des Chambres de Commerce et de l'Etat, une part de 10 0/0, pour paiement des intérêts et l'amortissement, dans un délai relativement restreint, du capital engagé pour la construction.

J'ajouterai, enfin, que mon projèt permettrait de donner satisfaction aux vœux si légitimes des populations rurales de toute la vallée du Rhône, puisqu'il serait possible d'utiliser, pour les irrigations, un volume d'eau considérable.

De nombreux avant-projets de canaux, le long de la vallée du Rhône, ont été dressés depuis un siècle, tant pour la navigation que pour l'irrigation ; ils ont été contrôlés, vérifiés, discutés (une loi, même, est intervenue pour le projet d'irrigation de Monsieur l'Ingénieur en chef Dumont) et ont donné lieu à de nombreux contre-projets, dont les dossiers sont entre les mains des Ministres des Travaux Publics et de l'Agriculture, et peuvent servir à vérifier mes estimations.

Sans remonter jusqu'au siècle dernier, je rappellerai que M. Cavenne estimait, en 1832, les travaux d'exécution d'un canal de navigation, de La Mulatière jusqu'à Arles, à 37 millions 1/2. M. Krantz estimait, en 1873, un canal plus large, et situé sur la rive droite, beaucoup plus difficile, à 100 millions.

En 1877, M. Dumont estimait à 147 millions l'exécution d'un canal d'irrigation-navigation (102 millions pour le réseau d'irrigation, et 45 millions de supplément pour sa transformation en vue de la navigation) permettant la navigation sur la rive gauche, de La Mulatière jusqu'à Arles, et l'irrigation des deux rives jusqu'à Cette et Narbonne ; abstraction faite à cette branche d'irrigation de la rive droite, la dépense de la branche navigable éclusée de La Mulatière à Arles n'atteignait pas 100 millions (285 kilom.) la largeur était de 13 m. 50 au plafond, avec 18 m. 50 à la ligne d'eau, pour une profondeur de 2 m. 50. Les aménagements, pour rendre le canal navigable, ne furent pas soumis à l'administration ; mais le projet de canal, simplement d'irrigation, montant à 102 millions (non compris les rigoles de distribution) fut soumis au Conseil général de Ponts et Chaussées (1874) et sanctionné par une loi (20 décembre 1879).

Quoique l'adhésion du Conseil général des Ponts et Chaussées attestât que les bases de l'étude de M. Dumont étaient convenables, M. l'Inspecteur général Chambrelent fut chargé de réviser les estimations, et il arriva à 148.500.000 francs pour les canaux principaux (non compris, comme dans les estimations ci-dessus, de M. Dumont, les frais généraux et pertes d'intérêt dans la construction).

Le tableau suivant résume les dépenses :

	M. Dumont		M. Chambrelent	
Projet d'irrigation seul (canal principal)	102.000.000	»	148.500.000	»
Projet total d'irrigation-navigation.	147.000.000	»	215.000.000	»
Branche navigable.	96.000.000	»	140.000.000	»

Les 66 millions ajoutés, par proportion, pour rendre navigable la branche de rive gauche et la prolonger à ses deux extrémités, doivent faire face aux dépenses suivantes :

1° Ecluses doubles à 50.000 fr. le mètre de hauteur, 160 m. $\times$ 50.000 fr. = ...	8.000.000	»
2° Parties nouvelles. La Mulatière à Condrieu et Sérignan à Arles ; terrains d'alluvions, vrai terrain à canal, écluses non comprises, 102 kil. à 250.000 fr.=	25.500.000	»
3° Sujétions diverses pour modifications de ponts et suppression de siphons, depuis Condrieu jusqu'à Donzères, 183 kil. à 100.000 fr. = ...	18.500.000	»
Ensemble.	52.000.000	»

Il reste 14 millions pour les branchements divers et communications avec le Rhône.

Ainsi, l'évaluation de 140 millions pour le canal de navigation, qui suivrait jusqu'à Sérignan le tracé Dumont résulte des corrections et vérifications de M. Chambrelent, et je pense qu'elle doit être considérée comme large.

Je reviens au canal d'irrigation seul. M. Chambrelent pensa qu'il y aurait des avantages à assurer l'indépendance des diverses sections à desservir. Une étude, dans ce sens, l'amena à prévoir trois canaux distincts, disposition qui fut adoptée dans un projet de loi déposé par M. Sadi-Carnot en 1881, (canal de R. G. Canal de R. D., Canal de la Cèze), ce projet fut voté par la Chambre des Députés le 21 juillet 1881, dans les conditions suivantes :

Concession pour 99 ans, par adjudication publique, de tous les canaux, tant primaires que secondaires : l'Etat donnait une subvention de 60 millions et garantissait pendant 50 ans, à la Compagnie, un revenu de 4,65 0/0 du reste du capital dépensé, jusqu'à concurrence de 180 millions. En admettant que toutes les eaux fussent placées, le revenu devait être de 8 millions environ, couvrant exactement les arrérages de 180 millions ; mais ce résultat ne pouvait être atteint qu'à la longue. *La Chambre des Députés acceptait donc que, dans l'intérêt seul de l'Agriculture,* l'Etat abandonnât, sans esprit de retour, *60 millions* et prît à *sa charge une garantie annuelle pouvant atteindre 8 millions, et devant être certainement, les premières années, de 5 à 6 millions* (le total des souscriptions préalables était, en effet, d'environ trois millions).

Après ce vote, le projet ayant été porté au Sénat, la Commission du Sénat repoussa l'idée d'une concession aussi importante. Elle était d'avis que les canaux principaux fussent exécutés par l'Etat, et que des concessions fussent accordées, pour les canaux secondaires seulement, à trois Compagnies; une par canal. L'Etat devait garantir le capital à 4,65 0/0 pendant 50 ans.

La garantie de l'Etat avait moins de chances de fonctionner, ou tout au moins, pour une somme plus faible et moins longtemps ; mais la part contributive de l'Etat comprenait un capital de 168 millions.

Le Sénat renvoya le projet au Gouvernement (22 juillet 1882) et le Conseil Général des Ponts et Chaussées fut appelé à examiner la question.

Dans son avis du 22 juin 1885, le Conseil recommanda le système de la Commission du Sénat, mais admit pourtant que la concession aux trois Compagnies pouvait porter aussi sur les canaux principaux ; en ce cas, le concours de l'Etat pouvait consister en une subvention et une garantie pour le reste du capital. C'était, en réalité, le système voté par la Chambre des Députés, mais appliqué à trois petites concessions, au lieu d'une grande.

En 1886, MM. Pavin de Lafarge et Duparchy, au nom du Comité des Fondateurs et de la Société d'Etudes des Canaux du Rhône, adressèrent une demande de concession, avec la garantie de l'Etat à 4,65 0/0 ; toutes les eaux placées, il restait à l'Etat, pendant 50 ans, *une charge annnelle de 7 millions, pouvant être plus forte les premières années. Ces propositions obtinrent un avis favorable d'une Commission extra-parlementaire,* nommée par M. Viette, Ministre de l'Agriculture, et présidée par M. Magnin; mais elles ne furent pas soumises au Parlement.

Elles ont été renouvelées en 1897 par MM. Duparchy, Claret et Dolfus, qui se chargaient, à forfait, de l'exécution des canaux moyennant 205 millions ; 175 pour les canaux principaux, et 30 pour les canaux secondaires. L'Etat garantissait à 4 0/0, pendant 50 ans, les 175 millions des canaux principaux : mais les premiers produits de l'exploitation étaient d'abord employés aux arrérages d'un capital actions de 40 millions (paiement de 30 millions de canaux secondaires, fonds de roulement, etc.). *C'était une charge annuelle de 7 millions pendant 50 années.*

En somme, il résulte, de toute étude détaillée, que des Compagnies ou Syndicats construisant et exploitant les canaux secondaires et de distribution, peuvent vivre avec leurs propres ressources, mais ne sauraient payer de redevance pour prendre l'eau dans les canaux principaux. Ceux-ci doivent être gratuitement construits et entretenus par l'Etat. Dès 1892, cette vérité a servi de base à un projet présenté par M. le Directeur de l'Hydraulique agricole.

Ces canaux principaux sont estimés à 175 millions, chiffre de construction par l'Etat, c'est-à-dire, avec peu de frais généraux (4 0/0) et pas d'intérêts pendant la construction, frais de constitution de Société, etc. Construits par une Société, ils reviendraient à 200 millions passés. Il n'existe pas de budget extraordinaire, et le budget ordinaire est peu élastique ; il est difficile d'admettre que l'Etat puisse affecter 10 millions par an à ces canaux, et pourtant, avec 10 millions de dotation régulière, les travaux dureraient 18 ans et même 20 ans, si l'on tient compte des frais d'entretien des premiers travaux exécutés.

Je termine cette longue énumération, nécessaire pour bien rappeler que l'Etat ne peut actuellement, dans la vallée du Rhône, donner satisfaction ni à la navigation, ni à l'irrigation, mais montrant aussi que l'on connaît le chiffre exact des sommes nécessaires pour arriver à ce résultat, et les sacrifices considérables que les Pouvoirs publics consentaient pour l'irrigation seule.

Quelles seraient les dépenses et les charges, au cas où une partie de ce réseau serait employée à la navigation ?

Il est évident, en ce cas, qu'il faudrait revenir à la position des canaux proposée par M. Dumont, et abandonner la prise de Cornas de M. Chambrelent. Le principe de celui-ci consistant à créer sur chaque rive un canal étroit, au lieu d'un seul canal sur la rive droite, n'existe plus dès lors qu'il faut un canal large pour la navigation. On pourra seulement conserver distinct le Canal de la Cèze, et par suite accepter un cube des eaux à distribuer : sur la rive droite 23 m³ et sur la rive gauche 12 m³, soit 35 au total, pertes comprises. La navigation ne peut y être facile que si la vitesse ne dépasse guère 0 m. 50 ; la section du canal devrait ainsi être de 70 mètres carrés environ, soit 23 à 24 mètres de largeur moyenne, pour une profondeur de 3 mètres.

Ce sont justement les dimensions acceptées pour le canal projeté de l'Ems au Rhin, qui a 18 mètres de largeur au plafond et

30 mètres au plan d'eau. Le canal du Rhône étant revêtu, les talus seraient plus économiquement tenus à 45°, et on pourrait lui donner 20 mètres de largeur au plafond sur 26 mètres au plan d'eau ; pour une inclinaison des talus de 3/2, on donnerait 19 au plafond pour 28 au plan d'eau. Ces 3 gabarits donnent 22 mètres de largeur à la profondeur de 2 mètres, et permettent la circulation et le croisement faciles de chalands de 1.000 tonnes, tirant 2 mètres d'eau pour une largeur de 10 mètres ou 2 m. 50 avec une largeur de 8 mètres. Les berges sont un mètre au-dessus du plan d'eau, soit 4 mètres au-dessus du plafond. Il convient de ne pas s'écarter de ce type, dont les dimensions n'ont rien d'irréalisable, et qui satisfait à tous les besoins.

J'ai pris comme vitesse approximative 0 m. 50, mais cette vitesse ne sera pas la même aux différents points. Il y aurait un intérêt, en effet, à prendre à l'Isère une partie des eaux d'arrosage, et de plus, à forcer, entre l'Isère et Donzère, la quantité d'eau du canal, de manière à créer vers cette localité une usine de production de force motrice.

En prenant 15 m³ de plus, le débit du canal serait de 50 m³. On pourrait prendre 20 m³ au Rhône, et alors la vitesse, en amont de l'Isère, serait réduite à 0 m. 30 par seconde, les 30 m³ restant étant pris à l'Isère, il y aurait lieu de remonter le plan d'eau de 0 m. 25, et de calculer la pente, pour donner à l'eau une vitesse de 0 m. 64. La pente serait de 1 centimètre par kilomètre pour les parties à faible débit, et 3 centimètres pour la partie centrale.

Le canal partant de la rive gauche du Rhône, en face de la Mulatière, resterait entre le Rhône et le chemin de fer de Lyon à Marseille, jusqu'à la gare de Peage de Roussillon. Partant de la cote 160 environ, il descendrait, par une écluse, vers la cote 154, de manière à passer sous le chemin de fer de Chasse à Givors, et traverserait l'Isère vers la cote 150. Il suivrait ensuite une ligne sensiblement horizontale (n'ayant que la pente nécessaire à l'écoulement, soit 0 m. 03 par kilomètre) jusqu'au col de Notre-Dame-de-Montchamp, au-dessus de Donzère. Dans cette partie, il serait ainsi sensiblement 25 mètres plus haut que le canal Dumont, de manière à arroser plus de terrain (la plus grande partie de la surface dont l'irrigation était obtenue par un haut service). Cette modification a, autrefois, été demandée aux enquêtes par les habitants de Vaucluse. Il en résulte que la prise d'eau dans l'Isère serait faite à Pizançon. Le tracé se développe aussi dans des terrains généralement plus faciles, évite d'assez sérieuses difficultés, et traverse, sans souterrain, le contrefort aboutissant au robinet de Donzère. Du col de Notre-Dame-de-

Montchamp, il convient de descendre directement sur la plaine à Donzère, et, dès lors, d'y rester jusqu'à et au-delà d'Arles, la longueur totale serait de 300 kilomètres.

La descente, sur la plaine de Donzère, se ferait le long d'une petite vallée étroite, à pente régulière de 2 o/o, on peut la diviser par des barrages ou des sortes de petits étangs ou biefs à larges surfaces, permettant d'écluser sans faire varier notablement la surface de l'eau, malgré la faible longueur des biefs.

La vallée, très droite, et en pente régulière et faible, 2 o/o, se prêterait à l'établissement de transporteurs sur voie ferrée, par traction électrique. Le capital de premier établissement serait beaucoup diminué, mais l'augmentation des frais d'exploitation compenserait cet avantage.

C'est de ce col que partiraient les deux canaux principaux d'irrigation de R. D. et de R. G. ; les 23 mètres de R. D. traverseraient le Rhône au moyen d'un syphon deux fois plus court que celui de Nornas, de plus, comme on disposerait, de l'une à l'autre rive, d'une grande différence de niveau, on n'aurait besoin que d'un seul tube en tôle d'aeier de 2 m. 40 a 2 m. 50 de diamètre (aux abords du syphon, on créerait, soit d'un seul, soit de deux côtés, en utilisant tant la chute partielle des 23 m. c., traversant pour l'irrigation, que la chute totale des 15 m. c. en excédant, une force totale de 20.000 chevaux environ).

La seule difficulté, à l'aval de Donzère, est la traversés de la Durance. Il y a lieu. semble-t-il, de passer ce torrent en galerie souterraine.

Excepté à son origine, le canal ne serait jamais situé dans la zone inondable du Rhône; entre l'origine et les roches de Condrieu, le pied des talus tomberait, sur plusieurs points, dans le Rhône, et aurait besoin d'être défendu contre les eaux, soit par un perré, soit par des enrochements. Il en serait ainsi à Vienne même, où le canal occuperait la place des quais actuels; mais une écluse mettrait le canal en communication avec le Rhône et par suite, le port du canal pourrait être un port commun. Le terrain n'est difficile qu'entre Laveyron et Tain; cette section (14 k. 500) sera onéreuse, mais excessivement solide ; la cuvette sera, sur toute cette longueur, creusée en plein rocher dur, partout apparent, et d'une parfaite tenue; les maçonneries y auront des fondations aussi bonnes que possible. Il sera nécessaire peut-être, d'y exécuter 2 ou 3 galeries, mais, certainement, un souterrain de 1 kilomètre 1/2 à Crozes.

Les écluses doivent être doubles: un sas, pour péniches de 300 tonnes, de la dimension réglementaire ; un second sas pour les grands chalands portant 300 et 1.000 tonnes; il conviendra de donner à ces sas, une largeur de 10 m. 50, permettant d'écluser à la fois 2 péniches ordinaires, au lieu d'un grand chaland; à cet effet, le grand sas serait muni d'une paire de portes supplémentaires.

Une écluse réglementaire de 5 m. 10 de largeur et 38 m. 40 construite à sec, coûte 120.000 fr., pour une hauteur de 5 m. 20, (annales des Ponts et Chaussées, 2me Semestre 1892, note sur les écluses à grandes chutes du canal du Centre par M. Fontaine).

Une écluse double, formée de 2 sas accolés réglementaires coûterait, tout au plus, 220.000 fr.; en ajoutant 30.000 fr. pour l'élargissement d'un grand sas, (les bajoyers restent les mêmes), et 50.000 fr. pour son allongement, on obtient 300.000 fr. au total soit, approximativement, 60.000 fr. par mètre de hauteur rachetée. (Ce prix est fort parce qu'il faut tenir compte du bas prix de la chaux dans la région).

Il n'y a guère lieu de se préoccuper de l'étanchéité qu'entre l'origine et Donzère; une fois dans la plaine, le canal, par une prise directe dans le Rhône, confondue au besoin avec celle du canal de Pierrelate, pourra être alimenté aussi abondemment qu'il sera désirable. Sur toute cette première longueur, il y a lieu de prévoir un revêtement complet sur 3 m. 50 de hauteur. Sur les remblais, et aux passages délicats, le revêtement serait en sidéro-ciment.

Des rentrées dans le Rhône, aussi fréquentes que possible sont nécessaires; car, si cet immense torrent ne saurait assurer une navigation d'intérêt général suffisamment calme, régulière et économique, il peut toujours continuer à rendre aux riverains les services qu'il leur rend actuellement, et servir d'affluent au trafic du Canal latéral.

On doit aussi comprendre, dans les dépenses, des subventions aux travaux, qui auraient pour but d'augmenter le trafic, en reliant le canal avec des régions nouvelles, par exemple, en facilitant la communication par terre entre les deux rives du Rhône; tel serait un concours à la construction de ponts nouveaux ou à la consolidation de ponts existants, mais incapables actuellement de supporter de lourds fardeaux.

J'ajoute encore qu'on doit profiter du peu de longueur de la déviation de Pizançon pour prendre à l'Isère autant d'eau que possible, et créer à Chateauneuf d'Isère, une force hydraulique qui pourrait atteindre 30.000 chevaux.

Ces explications données, les dépenses peuvent s'établir de la manière suivante :

1° *Terrassements*

De Taïn à Laveyron (69 kil.) et de Donzère à Arles (104 kil.) terrain très facile, alluvions tout à l'excavateur; moyenne calculée, cuvette enfoncée au moins à 2 m. 80 m. c. par mètre courant, soit, en tout : 13.600.000 à 0,80 l'un.	Fr. 11.000.000 00
Supplément pour digues en rivières : 3 kilom. 500 mètres à 300.000 fr.	1.000.000 00
De Laveyron à Crozes, partie la plus accidentée : 15 kil. 500 à 600 fr. pour terrassements et murs.	9.000.000 00
Souterrain de Crozes : 1 kil. 500	6.000.000 00
De Taïn à Donzère : 110 kil. à 200 fr. . . .	22.000.000 00
Revêtement de l'origine à Donzère : 196 kil. 30 mètres carrés par mètres courant à 2 fr. l'un, et supplément de 1/4 pour revêtement en sidéro-ciment	15.000.000 00
3 Ouvrages exceptionnels : Isère - Drôme - Durance	3.000.000 00
Traversées de cours d'eau : 6 grands ouvrages à 600.000 fr. l'un.	3.000.000 00
166 petits et moyens à 30.000 fr. l'un, en moyenne	5.000.000 00
Traversées de routes et chemins : 125 à 40.000 fr.	5.000.000 00
Ecluses : 160 m. de hauteur à 60.000 fr. l'un	10.000.000 00
Terrains : 6 hectares par kil. pour 300 kil. soit : 1.800 hectares à 8.500 fr. l'un en moyenne	15.000.000 00
Diverses : déviation de Pizançon, branchements, communications avec le Rhône . .	15.000.000 00
Somme à valoir pour imprévisions et diverses 1/6.	20.000.000 00
Installation pour la traction électrique : 400 kilom. à 30.000 fr. l'un.	12.000.000 00
Ensemble (à reporter). . .	Fr. 152.000.000 00

Report. . . . . Fr. 152.000.000 00

Telle serait la dépense à faire par l'Etat; mais
une Société doit ajouter, pour frais généraux et intérêts, pendant la construction,
environ 12 0/0. . . . .   18.000.000 00

Ce qui fait ressortir le capital nécessaire à Fr. 170.000.000 00

On ne saurait nier que ces estimations ne soient extrêmement
fortes; elles ont été établies sans tenir compte des nouvelles mé-
thodes, si économiques, de construction en fer et ciment, elles
sont corroborées par le chiffre trouvé plus haut, en analysant les
projets spéciaux à l'irrigation. Le canal que je viens de décrire
est plus large et possède des écluses plus importantes que le canal
Dumont transformé. Il coûte sensiblement le même prix, si on
défalque les dépenses d'installation de traction. C'est que celui-ci
suivant, et comprenant le canal d'irrigation de Donzère à Mornas,
est plus long et plus coûteux que le tracé par en bas; il y a
compensation.

Ce canal de navigation-irrigation construit, il suffirait pour
achever le réseau d'irrigation projeté, d'exécuter :

1° La fin du canal de rive gauche, à partir
du Col de Notre-Dame de Montchamp. .   Fr.   8.000.000 00
2° La fin du canal de rive droite et le syphon
de Donzère 60.000.000 00
3° Le canal de la Cèze 23.000.000 00

Ensemble. . . . . . . Fr.   91.000.000.00

Ce qui conduirait, pour la construction par un concessionnaire,
à un chiffre rond de cent millions.

Ainsi, construits directement par l'Etat :

Le réseau des canaux principaux projetés, seulement pour
l'irrigation, coûterait 158 millions.

Un canal, aussi largement conçu que je viens de le décrire,
pour la navigation seule, coûterait (Déviation de Pizançon inutile
et non compris l'installation de traction) 135 millions.

Le système complet des 2 (Déviation de Pizançon et traction
compris) coûterait : 240 millions.

En concédant, sans plus, la grande branche principale de navigation-irrigation, l'Etat n'aurait plus à exécuter que 91 millions

de travaux, sur les 158, nécessaires actuellement aux canaux d'irrigation.

Cette concession correspondrait donc à la construction de 67 millions de francs de canaux principaux d'irrigation ; je montrerai, plus loin, que l'Etat peut concéder le tout.

Le tonnage à distance entière des marchandises qui longent la vallée du Rhône est approximativement (chemin de fer et navigation) de 4 millions de tonnes. Un abaissement de tarifs, de moitié, pour les marchandises lourdes et encombrantes, et les grandes facilités de transport à grande distance, sans rompre charge, augmenteraient certainement ce tonnage, à brève échéance, de 25 à 50 0/0, le portant vers 5 à 6 millions de tonnes. D'après les chiffres de M. Estrine, ci-dessus rappelés, ce serait donc la certitude absolue d'avoir, dans le canal, presque immédiatement, 2 et bientôt 3 millions de tonnes. Mais il faut ajouter encore le trafic international qui se créerait, ou du moins, le courant de trafic international actuellement détourné, qui reprendrait sa voie naturelle, la vallée du Rhône (le percement du Mont-Cenis et du Saint-Gothard ont livré à Gênes une grande partie du trafic qui appartenait à Marseille, et la situation va encore être aggravée par le percement du Simplon). Le commerce de l'Allemagne occidentale et méridionale, celui de la Suisse septentrionale avec le Levant et les Indes, se fait par le Sud.

Un canal latéral au Rhône, le rendrait à Marseille. Il est admis que Mannheim est actuellement le point de partage de ce trafic ; c'est-à-dire, que pour Mannheim, des marchandises de pareille provenance ou destination, prennent indifféremment la voie du Nord ou la direction du Sud. Avec un canal, toutes prendraient la direction du Sud (par Marseille au lieu de Gênes) et même le point neutre serait remonté considérablement vers Mayence ou Coblentz. Il est difficile d'évaluer l'importance de ce trafic, mais il faudrait être bien pessimiste pour ne pas admettre que le canal latéral au Rhône relèvera le port de Marseille et transportera 2 millions de tonnes, après 2 ou 3 ans, 3 millions après 5 ans, et 5 millions après 10 ans d'exploitation.

Il n'y a pas de matériel de transport à créer, puisque c'est la batellerie du réseau ordinaire de navigation intérieure qui circulera sur le canal.

Le prix du fret se compose de 2 parties : les frais de batellerie, personnel, assurance, etc. ; et les frais de transport. Les premiers sont d'autant plus grands que le cheminement est plus lent, et dépendent beaucoup par conséquent de l'encombrement de la

voie et de la facilité de trouver des moyens de transport (générale-
lement des chevaux). Ceux-ci sont d'autant plus chers qu'ils sont
plus demandés : d'où il résulte que sur une voie fréquentée, ces
deux éléments croissent en même temps ; on admet qu'ils sont
sensiblement égaux, ils peuvent tomber à 5 ou 6 millimes, mais
dépassent souvent 8 à 12 millimes, de sorte qu'un bon total ordinaire, moyen, est de 15 millimes.

Par la traction mécanique, assurant une marche suffisamment
rapide et régulière, les frais de batellerie tomberaient au minimum, quel que soit le tarif de traction ; d'où il résulte qu'on peut
avoir un tarif de traction assez élevé, tout en ayant un total de
fret suffisamment bas. Les frais de batellerie devant se maintenir
vers 3 millimes, 4 au plus, on peut faire payer 10 à 12 millimes de
traction, sans que le fret dépasse et même atteigne 15 millimes.
On peut d'ailleurs diminuer la taxe au fur et à mesure que le
trafic augmentera, au moins pour les marchandises les plus
intéressantes : matières premières, engrais, matières très lourdes
ou de très faible valeur. Des classes pourraient être créées et les
taxes abaissées successivement, de manière que la moyenne des
frais de traction fût, par exemple, de :

12,5 millimes (maximum) jusqu'à 2 millions de tonnes
12   »   (moyenne)   »   3   »
11   »   »   »   4   »
10   »   »   »   5   »
 9   »   »   »   7   »
 8   »   »   »   10   »

La *moyenne* des taxes, ainsi réglée, le *maximum* de perception
pourrait descendre à 10 millimes pour 3 millions de tonnes, 8 à
9 pour 4 millions, 7 à 8 pour 5 millions, 4 à 5 pour 10 millions.

De pareils tarifs étant appliqués entre Arles et Lyon, on paierait, au total, pour le fret d'une tonne, entre ces deux villes
4 fr. 50 à 5 fr. pour un faible trafic, 3 à 4 fr. quand le tonnage
sera très élevé ; mais les frais de traction étant plus faibles en
dehors de cette section, puisqu'ils ne comprendront pas les arrérages d'un puissant capital, le transport d'une tonne sera, dans
les mêmes conditions, de Marseille à Lyon : 5 à 5 fr. 50 ou 3,50 à
4 fr. 50 ; de Marseille à Bâle ou Paris : 8 fr. à 6 fr. ; de Marseille
à Mannheim : 10 fr. à 8 fr.

Mais, les dépenses réelles de traction peuvent être évaluées à
1 millime 1/2, en moyenne, par tonne kilométrique, pour un très
gros tonnage, et à 2 millimes 1/2 pour un gros tonnage ordinaire ;

entre ces limites, elles sont sensiblement données par la formule :

$$\text{fr.} = 0 \text{ fr. } 001 + \frac{3.000}{T} \; ;$$ ces prix sont établis en admettant une vitesse approximative de 5 kilomètres à l'heure, par rapport à l'eau du canal, ce qui donnerait une vitesse absolue de 3 kilomètres environ, en remontant l'Isère et Donzère ; et une vitesse de 4 kilomètres dans les autres parties.

Pour des vitesses plus fortes, il y aurait lieu à tarifs spéciaux.

Il resterait donc, par tonne, comme bénéfice net :

10 millimes jusqu'à	3 millions de	tonnes.
9,25 »	4 »	»
8,40 »	5 »	»
7,50 »	7 »	»
6,50 »	10 »	»

Soit, par kilomètre, et pour toute la ligne, en ajoutant un million pour recettes de force motrice :

TONNAGE	NET PAR KILOMÈTRE	NET POUR TOUTE LA LIGNE (300 KILOM.) + 1 MILLION DE FR.	0/0 DU CAPITAL (170 MILLIONS)
2.000.000 T.	20.000 F.	7.000.000 00	4 0/0
3.000.000	30.000	10.000 000 00	6 0/0
4.000.000	37.000	12.100.000 00	7,10 0/0
5 000.000	42.000	13.600.000 00	8 0/0
7.000.000	52.500	16.750.000 00	9,85 0/0
10.000.000	65.000	20.000 000 00	12 0/0

On pourra livrer au public 50.000 chevaux de force hydraulique à 60 fr. l'un, ce qui pourra donner, quand tous seront utilisés, plus de 3 millions de francs ; je n'ai cependant compté que 1 million, considérant l'excédant comme devant couvrir les frais d'entretien du canal et d'Administration, et former une marge aux appréciations.

L'usage du canal resterait gratuit et la traction non obligatoire pour les petits bateaux ne jaugeant pas plus de 200 tonnes, montés par leurs propriétaires, et halés par des hommes ou des animaux logés dans le bateau.

Ainsi, selon toutes probabilités, au bout de 2 à 3 ans (2 millions de tonnes), le rendement des capitaux serait de 4 0/0 ; au bout de 5 ans (3 millions de tonnes) 6 0/0 ; au bout de 10 ans (5 millions de tonnes) 8 0/0.

En demandant à l'Etat la garantie d'intérêt à 3,5 0/0, on pourrait être certain que celle-ci n'aurait jamais à fonctionner, surtout si on inscrivait au capital de premier établissement, les insuffisances des cinq premières années.

En échange de cette garantie, l'Etat partagerait le surplus des bénéfices au-dessus de 4 0/0 du capital (correspondant à un tonnage de 2 millions de tonnes), et ces ressources seraient destinées à l'exécution du réseau d'irrigation complet.

Quant l'Etat le jugerait convenable, c'est-à-dire, quand il aurait assez de souscriptions préalables, il ferait exécuter par le concessionnaire du canal de navigation, ensemble ou successivement, les branches principales d'irrigation. Il lui paierait, ces travaux ne devant donner aucune recette, 3,5 0/0 du montant des dépenses pendant 70 ans (soit un taux d'intérêt et d'amortissement de 3 0/0.

La dépense totale devant être d'une centaine de millions ce sera une annuité de 3 millions et demi, à peu près égale à la participation de l'Etat aux bénéfices, après une dizaine d'années d'exploitation.

Quand la participation de l'Etat sera inférieure à l'annuité des travaux d'irrigation, les sommes qu'il versera pour la compléter, seront portées en compte, et remboursées par l'excédant quand la participation dépassera l'annuité ; le remboursement terminé, cet excédant sera partagé en deux parties égales, dont l'une sera versée au Trésor et l'autre remise au concessionnaire.

Il est trop certain que les recettes donneront aux capitaux une rémunération suffisante pour qu'il soit besoin de recourir à un forfait, expédient qui limite les charges, lorsqu'il y a lieu d'en craindre, mais dont les multiples inconvénients et dangers ne sont que trop connus.

Le concessionnaire préparerait les projets, le Ministre, sur l'avis du Conseil général des Ponts et Chaussées, et le concessionnaire entendu, pourrait y apporter toutes les modifications compatibles avec le but général de la concession. Les projets seraient mis en adjudication publique, et le concessionnaire n'aurait que le droit d'y prendre part, mais il aurait l'obligation d'exécuter les travaux sur la série des prix proposés par lui lors du dépôt du projet, à défaut d'adjudicataire. Les entreprises (adjudicataires ou concessionnaires) seraient surveillées par les ingénieurs des Ponts et Chaussées, dans les mêmes conditions que les entreprises ordinaires de cette administration, et tous les frais de cette surveillance payés par le concessionnaire.

Le concessionnaire serait tenu de se substituer une Société Anonyme.

Le capital actions serait de 100 millions.

Jusqu'à 100 millions de francs d'obligations, le capital obligations ne pourrait dépasser le double du montant des actions réellement versé, ni le triple, jusqu'à 200 millions.

Dans ces conditions générales, qui seront développées et précisées dans une convention et un cahier des charges de détail, convention dont votre Administration a toute la compétence nécessaire pour faire la rédaction, j'ai l'honneur, Monsieur le Ministre, de demander la concession du réseau de canaux de navigation et d'irrigation ci-dessus décrit, pour une période de 99 ans.

Paris, le 30 Novembre 1899.

DENÈFLE.

Annexe C

RAPPORTS

De M. PAVIN DE LAFARGE

RAPPORT

Présenté à la Commission interdépartementale des Canaux dérivés du Rhône réunie à Nimes le 28 janvier 1899.

MESSIEURS,

La délégation du Conseil général de l'Ardèche a pensé que son mandat n'était point limité à la seule étude des projets de canaux d'irrigation proposés et discutés depuis si longtemps. Elle a estimé qu'il lui appartenait aussi de trouver et de donner la solution assurant le mieux la diminution du coût de ces canaux, la rémunération des capitaux engagés dans cette vaste entreprise, et par suite sa plus prochaine réalisation. La recherche des moyens les plus appropriés à la résolution d'un projet vital pour nos populations agricoles et si ardemment désiré, l'a conduite à étudier l'aménagement agricole et industriel du Rhône, par l'établissement de canaux pouvant servir à la navigation, à la production de forces motrices, en même temps qu'à l'irrigation de notre vallée.

S'inspirant d'un important et remarquable travail de M. Souleyre, ingénieur des Ponts et Chaussées à Constantine, la délégation de l'Ardèche, après étude approfondie de la question, m'a chargé de la rédaction de son rapport.

La conclusion sera le vœu suivant, dont elle vous demande de proposer l'adoption aux Conseils généraux que nous représentons.

VŒU

La Commission interdépartementale des Conseils généraux de l'Ardèche, du Gard, de la Drôme, de l'Hérault, de Vaucluse et de l'Isère, décide de proposer aux Conseils généraux qu'elle représente l'émission du vœu suivant :

Que le Gouvernement mette le plus promptement à l'étude, l'aménagement agricole et industriel du Rhône permettant l'irrigation,

une navigation constante, notamment par des canaux latéraux,
et l'utilisation des forces motrices du fleuve.

MESSIEURS,

Nous étudierons les questions dans l'ordre suivant :

1° Navigabilité du Rhône ;
2° Forces motrices ;
3° Canaux d'irrigation ;

1° NAVIGABILITÉ DU RHONE

Actuellement, comme le dit si exactement M. l'ingénieur
Souleyre, les riverains du Rhône ont l'illusion de voir un fleuve
navigable parce que beaucoup d'eau passe sous leurs yeux.

En réalité la batellerie du Rhône compte une centaine de
bateaux à peine.

Les difficultés de la navigation, fréquemment, du reste, interrompue par les hautes ou basses eaux, sont telles que le prix de
revient de la tonne kilométrique atteint souvent le prix de revient
de la tonne kilométrique par voie ferrée, et le dépasse même
quelques fois.

Les marchandises les plus pauvres payent 2 centimes 1, par
tonne et par kilomètre.

Aussi les bateaux ne transportent-ils que la dix-huitième partie
du tonnage à distance entière circulant dans la Vallée.

Soit au plus 200.000 tonnes par an.

Sur la Seine, en aval de Paris, le prix de revient est d'un centime la tonne kilométrique.

Sur le Rhin, à la remonte, le fret varie entre cinq et douze
millimes par tonne kilométrique.

La moyenne comprenant tous les frais quelconques n'atteint
pas un centime.

Un tonneau de mille litres de vin coûte 12 francs de transport
de Bordeaux à Francfort ; dans ce prix, le parcours en rivière à
partir de Rotterdam est payé 3 fr. 50. La distance étant de
532 kilomètres, cela représente pour une marchandise encom-
brante un fret de 7 millimes par tonne kilométrique.

Cependant, Messieurs, le Rhône est de beaucoup le plus
important fleuve de France.

Le débit de la Loire à l'étiage de Châtillon peut tomber à 15 mètres cubes à la seconde, celui du Rhône, au confluent de la Saône, est de 210 mètres cubes, au confluent de la Durance de 400 mètres cubes.

A Arles les plus basses eaux constatées ont été de 500 mètres cubes, les plus hautes de 13.900 mètres cubes.

En jetant les yeux sur une carte de l'Europe, on voit que les vallées du Rhône et de la Saône sont la voie la plus courte et la plus naturelle pour parvenir à l'Asie et du littoral Méditerranéen aux centres français les plus industrieux, à l'Ouest de l'Empire Allemand et même en Suisse.

Les distances de Suez aux principaux fleuves de France et d'Allemagne sont les suivantes :

De l'embouchure :

du Rhône (calculée de Port St-Louis du Rhône) à Suez 1.619 mil.
de la Loire (—   St-Nazaire   )   —   2.963   »
de la Seine (—   du Havre   )   —   3.181   »
du Rhin   (—   de Rotterdam   )   —   3.380   »
du Weser   (—   Bremerhaven   )   —   3.597   »
de l'Elbe (—   Hambourg   )   —   3.653   »

C'est donc la voie fluviale la plus nécessaire à améliorer, non seulement dans l'intérêt de nos quelques départements, mais de la vallée tout entière et aussi de la France.

La navigabilité constante du Rhône permettra de détourner à notre profit le trafic des ports étrangers dont l'importance croît chaque jour au détriment des ports du bassin Rhodanien.

Voici quelques chiffres :

Tonnage de jauge, des navires, entrées et sorties (en tonnes).

PORTS	1875	1880	1890	1896
Marseille........	5.251.166	7.235.174	9.601.110	9.974.717
Cette	922.000	1.482.000	1.983.542	2.297 725
Gênes..........	3.109.000	3.755.000	6.720.000	8.220.000
Anvers	4.216.000	6 086.000	9.522.000	11.717.000
Hambourg......	4.137.000	5.442.000	10.417.000	12.745.000

Tonnages de marchandises en tonnes de 1.000 kilos,

Ruhrort-Duisbourg 8.727.953
Ambourg 7.518.000
Anvers......................... 4.926.000
Marseille....................... 4.794.624
Gênes 2.467.000

Le plus grand port du continent Européen est donc dans les provinces du Rhin entre Essen et Crefeld, au confluent de la Ruhr et du Rhin, à plusieurs centaines de kilomètres de la mer.

Le commerce extérieur du pays tout entier est du reste en baisse, comparé à celui des autres peuples.

En 15 ans, nous sommes descendus du second rang, au quatrième.

MOUVEMENT DU COMMERCE EXTÉRIEUR

NATIONS	1880		1895	
Angleterre	10.000	millions.	16.228	millions
France..........	8.500	—	7.093	—
Allemagne	7.350	—	9.105	—
Etats-Unis.......	8.243	—	7.697	—

Les causes de la prospérité de ces peuples sont multiples. On peut les rechercher en grande partie dans l'amélioration constante de leur voie navigable.

L'Autriche étudie les jonctions du Danube au Mein, à l'Elbe, à l'Oder.

Le canal projeté entre le Danube et l'Elbe aurait 209 kilomètres de longueur 50 écluses, il s'élèverait à la cote de 370. Le kilomètre est estimé à 285.000 florins ou 700.000 francs.

La Russie étudie le canal de la Mer Noire à la Baltique, devant coûter un demi-milliard.

Les États-Unis préparent un canal maritime des Grands-Lacs à l'Hudson dont la dépense sera de 400 millions.

Le Canada transforme le Saint-Laurent.

L'Allemagne a fait pour la navigation intérieure des efforts inouïs et fructueux.

Elle a dépensé pour la navigabilité du Rhin :

de 1830 à 1850	45.859.244	francs.
» 1850 à 1870	113.795.079	—
» 1870 à 1890	133.531.901	—
» 1890 à 1894	45.687.489	—

A ce total de 338.873.713 francs, il convient d'ajouter le montant des travaux effectués dans les Pays-Bas sur le même fleuve.

Soit depuis 1850, 70.630.259 francs.

L'amélioration de la navigabilité du Rhin a donc coûté plus de 400 millions.

Les 70 ports de ce fleuve présentent une superficie de 600 hectares, leurs voies ferrées en comprenant les raccordements très fréquents aux grandes lignes ont 500 kilomètres de développement.

Les quais et perrés de débarquement munis d'outillages les plus perfectionnés, ont cent kilomètres de longueur, les entrepôts publics couverts trente-six hectares.

754 bateaux à vapeur et 7.000 bateaux ou voiliers sont attachés exclusivement au service du fleuve.

Les résultats ont répondu aux sacrifices imposés au budget.

En 1895 les transports sur le Rhin allemand s'élevaient à 1.587 millions de tonnes kilométriques.

Actuellement les mêmes transports se montent à 2.500 millions.

Le mouvement des ports Rhénans était en 1870 de 4.489.000 tonnes, et en 1894 de 24.629.455 tonnes.

Depuis la canalisation du Mein, la ville de Francfort a augmenté de 2.000 maisons et de 25.000 habitants.

Cent mille bateaux dont quarante mille vapeurs sont entrés dans les ports du Rhin en 1894.

Nous ne devons pas oublier que le bassin Rhénan contient le 1/3 de la population de l'Allemagne, plus de 16 millions, chiffre supérieur du double à celui de la population du bassin du Rhône limité à son bassin hydrographique, sans parler de celui créé artificiellement par les canaux, comprenant aussi plus du 1/3 de la France.

Si nous ne pouvons espérer voir la navigation du Rhône atteindre une pareille prospérité, il faut reconnaitre l'extrême utilité de l'amélioration de cette voie fluviale. Ces dépenses seront certes plus justifiées que d'autres réclamées hardiment et depuis longtemps, par des départements voisins, la plupart, du reste, condamnés à demeurer stériles tant que le Rhône ne sera pas navigable.

Ainsi, l'Est demande l'achèvement du canal de la Marne à la Saône ;

Saint-Etienne le prolongement du canal de Givors.

Le Midi l'amélioration du canal des Etangs ;

Marseille l'établissement d'un canal la reliant au Rhône, dont la dépense estimée à 80 millions pourrait être réduite d'un tiers par l'aménagement du Rhône permettant l'emploi de chalands mus électriquement, et par suite une section plus réduite de l'immense tunnel prévu.

Les départements riverains de la Loire, ce ruisseau comparé à notre fleuve, sollicitent de l'Etat l'amélioration de sa navigabilité ; les villes de tout le bassin ont souscrit des sommes importantes pour les études et la création de comités locaux.

Un congrès a été tenu à Saint-Nazaire ; on a même montré aux congressistes le bambou natif d'Yéso, au Japon, destiné à être planté sur les berges pour empêcher les ensablements du lit du fleuve.

Un grand journal rendant compte de toute cette agitation terminait ainsi son article :

« Si jamais le Midi, ce fameux Midi qui a la réputation de se
« lever, montrait le quart de l'activité, de l'exubérance, pourrait-
« on dire, dont font preuve les riverains de la Loire jusqu'ici
« connus par leurs habitudes de calme — disons le mot, de mol-
« lesse heureuse, — le Midi aurait ce qu'il réclame depuis long-
« temps, les canaux du Rhône, Marseille relié au fleuve impétueux,
« fils des Alpes glacées. » (1)

Vous le voyez, Messieurs, même des Etrangers, des Indifférents reconnaissent que notre vallée, cette grande voie historique de l'Europe, doit encore voir passer une invasion : celle pacifique du Commerce et de l'Industrie.

Le peut-elle ?

Les sacrifices seront-ils proportionnés aux résultats ?

Nous en sommes aussi certains. Plus encore que dans ce qui précède, nous sommes obligés de suivre l'étude de M. Souleyre, en ce qui concerne les moyens techniques propres à rendre constante et économique la navigation du Rhône.

D'après lui, le fleuve devrait être divisé en deux tronçons.

De **Lyon à Tournon**, sur une longueur de 96 kilomètres, la vallée étant plus resserrée la pente, moins forte (0,57 par kilomètre), un des moyens d'améliorer le cours du fleuve serait dans

(1) Journal *le Figaro*.

l'établissement de huit barrages mobiles et de 36 kilomètres de dérivations éclusées.

En comparant le prix de revient de ces travaux à d'autres similaires, notamment sur la Seine et Jonage, et en s'inspirant de l'étude de M. Souleyre, nous estimons que la dépense totale atteindrait pour ce tronçon :

84 millions pour une dérivation de 150^{m3}
107 millions — 300^{m3}

De **Tournon à Tarascon,** un canal latéral avec écluses et rentrées dans le fleuve assez fréquentes serait possible.
La dépense atteindrait :

151 millions pour une dérivation de 150^{m3}
219 millions . — 300^{m3}

Le coût total de l'aménagement du Rhône au point de vue de la navigabilité, s'élèverait donc à :

235 millions pour 150^{m3}
326 — 300^{m3}

soit 870.400 fr. le kilomètre de fleuve aménagé.

On créerait une véritable rivière artificielle dont la largeur d'emprise serait de 200 mètres en moyenne, et la profondeur de 3 m. à 3 m. 20.

Elle serait semblable au canal Cavour dont le débit est de 130^{m3}, et à certains canaux de l'Inde dans lesquels le volume des eaux par seconde est de 180^{m3}.

On est loin pour ce même travail de la dépense de 47 millions prévue par M. Cavenne, ou de 100 millions estimée par M. Krantz en 1875. Mais aussi le résultat serait tout autre.

Le trafic actuel empruntant les chemins de fer de la vallée ou le Rhône s'élève à 3.500.000 tonnes kilométriques. Dans le bassin de la Seine en aval de Paris, la moitié du trafic utilise la voie fluviale plus longue que la voie ferrée, ce qui ne serait pas le cas du Rhône aménagé.

On peut faire la même supposition pour notre fleuve.

Son trafic serait donc de 1.750.000 tonnes kilométriques.

En chiffre rond, d'après des comparaisons multiples et faciles à l'établir, l'économie du transport par eau sur celui sur rail est d'un centime par tonne kilométrique au moins.

Soit pour les 270 kilomètres séparant Lyon de Tarascon 2 fr. 70, et 4.725.000 francs pour les 1.750.000 tonnes transportées.

Dans le cas d'un canal de 150^{m3}, c'est l'intérêt du capital à 2 0/0 ; à 1.45 0/0 seulement pour un canal de 300^{m3}.

Mais le tonnage doit certainement augmenter en raison du bas prix des frets et même du seul jeu des forces économiques existantes augmentant le trafic d'un million de tonnes tous les 20 ans.

Les marchandises actuellement détournées de Marseille, Cette ou Saint-Louis reprendraient le chemin de ces ports.

Au lieu de l'économie précédente de 17.500 fr. rapportés au kilomètre, nous n'avons pas cru téméraire d'admettre le chiffre de 30.000 francs.

L'économie totale du projet serait donc : 270 $\times$ 30.000 fr. = 8.100.000 fr., pour rémunérer 235 ou 326 millions.

Nous négligeons dans ce calcul l'économie supplémentaire réalisée sur la Saône et sur les canaux affluents du Rhône ; aussi nos prévisions de 30.000 francs par kilomètre sont-elles bien inférieures à celles calculées par M. Souleyre.

Hâtons-nous de le dire : des avantages plus tangibles encore militent en faveur de ce projet complété par la production de l'énergie électrique.

2° FORCES MOTRICES

Le Rhône doit encore contribuer à la prospérité du pays, comme source d'énergie, car la force motrice qu'il peut donner au kilomètre est plus considérable que sur n'importe quel autre fleuve européen.

Il doit nécessairement devenir une puissante voie navigable et une longue rue d'Usines.

Le transport des forces à grandes distances pratique, facile, est une spéculation industrielle des plus heureuses.

M. Souleyre rappelle que les tramways de Sacramento sont mis en mouvement par une usine hydraulique située à 30 kilom.

Les exploitations des Mines d'Or du Transvaal prennent leurs forces à une installation à vapeur placée à 30 kilomètres du point le plus éloigné.

La ville de Fresno, en Californie, reçoit sa lumière d'une chute d'eau distante de 70 kilomètres.

Les forces motrices produites par les chutes d'eau du Rhône

dans des usines comparables à celles de Jonage, Genève ou Rheinfelden pourraient donc être utilisées :

a. Par l'Industrie privée sur 40 kilom. au moins de chaque côté du canal ;

b. Pour la traction des bateaux ;

c. Pour le perfectionnement, l'entretien et l'outillage du canal ;

d. Pour la traction électrique des wagons de la Compagnie P.-L.-M., de Lyon à Marseille, Saint-Louis et Saint-Etienne.

e. Pour la remonte des eaux dans les canaux d'irrigations.

Toujours d'après M. Souleyre, ces forces motrices disponibles pour des dérivations de 150^{m3} seraient :

De Lyon à l'Isère	52.500 minima	76.500 ordinaire
De l'Isère au Lez	72.750 —	78.750 —
De la Cèze à Tarascon	51.700 moyenne	51.700 —
	176.950 minima	206.950 ordinaire.

Soit 176.950 chevaux par heure minima, chiffre servant de base à nos calculs.

Pour une dérivation de 300^{m3}, l'énergie produite serait du double, soit 353.000 chevaux ou 260.382 kilowat-heure.

Par une modification à son premier projet, M. Souleyre estime même possible d'obtenir 200.000 chevaux minima.

A Jonage, le prix de vente du cheval-heure varie de 20 cent. 61, pour un cheval, à 5 cent. 15 pour 500 chevaux.

Pour calculer le bénéfice produit par ces forces motrices dans le cas d'une dérivation de 150.000^{m3}, nous avons admis :

Que le prix du cheval-heure serait de 5 centimes ; que cent vingt mille chevaux seulement seraient à vendre.

56.950 chevaux étant perdus ou destinés à un autre usage.

La recette brute de 60.000 francs par journée de 10 heures devrait être majorée de 20.000 fr. au moins, provenant de l'éclairage et des industries fonctionnant plus de 10 heures.

En ne comptant que 300 jours de travail, la recette brute annuelle s'élèverait à 24 millions.

Le tiers de cette recette nécessaire pour les frais généraux d'entretien et de marche étant prélevé, le bénéfice net restant serait de 16 millions, suffisant pour rémunérer à 4 0/0 un capital de 400 millions, chiffre jamais atteint dans la seule construction des usines, puisque la dépense du canal d'amenée se confond avec celle du canal de navigation ; l'installation proprement dite d'une usine électrique comprenant : barrages, travaux de protection, machines, canal de fuite, etc., revient par cheval entre 300 et 600 francs.

En admettant ce dernier chiffre bien exagéré dans notre cas, nous trouvons pour 176.950 chevaux une dépense de :

Cent millions en chiffre rond.

Ainsi dans le cas d'une dérivation de 150^{m3}, — la navigabilité du Rhône assurée, des usines produisant une force motrice de 176.960 chevaux-heure dont 120.000 seulement vendus, — la dépense s'élèverait à :

> Canaux, barrages mobiles, etc. 235 millions.
> Usine électrique. 100   —
> Soit : 335 millions.

M. Souleyre estime même que 270 millions seront suffisants pour des dérivations de 150^{m3} et 360 millions pour des dérivations de 300^{m3}.

Nous admettons cependant une dépense de 335 millions donnant une recette nette de 16 millions sans comprendre l'économie de 4 à 8 millions réalisée sur les transports et dont pourrait en partie bénéficier l'Etat ou la Société concessionnaire ; c'est un placement à 4,77 0/0.

En majorant d'un tiers (108 millions), les dépenses atteignant alors 443 millions, et diminuant d'un tiers (5 300.000 fr.) les recettes, vous voyez, Messieurs, que ce projet d'aménagement industriel du Rhône donnerait encore un intérêt argent de 2,41 0/0 à l'Etat.

Quels sont les travaux publics exécutés par le gouvernement depuis 20 ans dans d'aussi bonnes conditions ?

3me IRRIGATION

Il est difficile, sans un avant-projet, de déterminer le coût des canaux d'irrigation nécessaires pour fertiliser nos départements. M. Souleyre propose en tout cas la suppression de la tête morte des canaux d'arrosage ; c'est-à-dire toute la partie du canal, depuis sa prise jusqu'au point où le niveau de l'eau est assez élevé pour être utilisé à l'irrigation.

Son projet aussi complet comme surfaces arrosables que ceux de MM. Dumont, Chambrelent, Krantz ou Léger, fournirait une quantité d'eau plus considérable que celle prévue par ces ingénieurs.

Suivant son importance, les frais s'élèveraient à 70 ou 90 millions, alors que pour le projet Chambrelent on prévoyait une dépense de 176 millions et de 150 millions pour le projet Dumont.

Deux usines élévatoires fonctionnant par les chutes d'eau du Rhône avec une partie des 56.950 chevaux disponibles, remplacerait ces têtes mortes.

On installerait une des usines élévatoires alimentant les canaux de la rive gauche, à Châteauneuf-Viviers ou Mornas, une autre à la Roche-de-Comps ou Roquemaure, pour alimenter les canaux d'arrosage de la rive droite.

Ainsi, quelle que soit la dépense du canal ou des canaux d'irrigation, le fait nouveau que nous vous apportons d'après M. Souleyre, est que cette dépense serait réduite d'un tiers au moins par l'élévation directe des eaux au moyen des chutes du Rhône, à la hauteur où ses eaux sont utiles à l'arrosage. La rémunération des capitaux engagés dans cette entreprise d'irrigation serait donc d'un tiers au moins plus élevée que celle prévue par ses différents promoteurs.

C'est une raison déterminante, Messieurs, pour attirer votre attention sur l'aménagement agricole et industriel du Rhône, d'autant plus que ce projet, susceptible de se scinder, pourrait n'être entrepris que progressivement.

La navigation du Rhône intéresse toute la France, l'utilisation des forces motrices toute notre vallée, l'irrigation est désirée depuis 30 ans par nos malheureux agriculteurs : ils en attendent leur existence même.

Notre sol, fertile cependant, mais brûlé par le climat, ne donne que d'insuffisantes récoltes, la vigne n'est plus la culture du pauvre, la garance est irrémédiablement perdue, la sériciculture est une industrie agricole factice ne vivant qu'avec l'aide bienveillante, mais peut-être momentanée, de nos lois de protection.

Aussi nos jeunes populations agricoles désertent de plus en plus le foyer inhospitalier de leurs parents pour grossir si souvent dans les grandes villes l'armée redoutable des sans-travail.

L'aménagement agricole et industriel du Rhône les attachera au contraire au sol natal.

Elles y travailleront, car cette immense force électrique peut se décomposer à l'infini en forces utilisables dans les moindres ateliers.

Si vous admettez que ces forces soient, par de sages et démocratiques règlements, livrées aux travailleurs presque gratuitement, vous apercevrez, Messieurs, l'œuvre sociale à laquelle vous convie aussi la délégation de l'Ardèche.

Cet aménagement du Rhône peut être la fortune et la rénovation sociale de milliers de nos concitoyeus.

Sans 'capitaux, libres, dans de salubres demeures, loin des grandes villes, ces hommes vivront heureux de leur travail, au milieu de notre magnifique vallée, dans ces prairies et ces jardins rafraîchis par le canal, — toujours bien portants sous les rudes caresses du mistral, toujours gais sous le soleil du Midi.

Auguste PAVIN de LAFARGE.

Messieurs,

Nous vous demandons donc, de vouloir bien décider toutes les mesures propres à hâter cette œuvre bienfaisante et notamment de voter notre proposition.

Proposition de MM. Rigaud, Alizon, Pavin de Lafarge, Conseillers Généraux de l'Ardèche.

Considérant que le Rhône est par son débit le fleuve le plus considérable de la France.

Considérant que sa vallée est le passage le plus direct pour les marchandises importées du canal de Suez et du littoral méditerranéen à destination de la France et d'une partie de l'Allemagne, de la Suisse et même de la Belgique.

Considérant que le Rhône est de tous les fleuves Européens, celui se prêtant le mieux à l'utilisation de ses forces motrices.

Considérant que son bassin méridional est un des plus populeux et des plus misérables au point de vue agricole.

La Commission interdépartementale des Conseils genéraux de l'Ardèche, du Gard, de la Drôme, de l'Hérault, de Vaucluse et de l'Isère, décide de proposer aux Conseils généraux qu'elle représente l'émission du vœu suivant :

Que le Gouvernement mette le plus promptement à l'étude l'aménagement agricole et industriel du Rhône, permettant l'irrigation, une navigation constante, notamment par des canaux latéraux et l'utilisation des forces motrices du Rhône.

RIGAUD, ALIZON, Auguste PAVIN de LAFARGE.

RAPPORT

De la Délégation de la Chambre d'Aubenas, à la Conférence des Chambres de Commerce du Sud-Est réunie à Lyon les 31 Mai, 1ᵉʳ Juin, 2 Juin, et 3 Juin 1899.

MESSIEURS,

Le programme de votre Conférence comporte l'étude du *Rhône et de son utilisation* :

Il a paru à la Chambre de Commerce d'Aubenas que l'aménagement industriel et agricole du Rhône, était contenu dans cette partie de votre programme et plus particulièrement dans le paragraphe C, *Aménagement industriel du Rhône. Nécessité de sauvegarder les intérêts de la Navigation.*

Le Rhône par son débit et par sa pente (0ᵐ56 par kilomètre de Lyon à Valence, 0ᵐ79 par kilomètre de Valence au Pont-Saint-Esprit), et de tous les fleuves de l'Europe, celui se prêtant le mieux à l'utilisation de ses forces motrices.

Cet immense réservoir d'énergie ne peut demeurer plus longtemps improductif.

Alors que le Rhône Suisse va être entièrement aménagé du lac à la frontière française, que le Haut Rhin est déjà utilisé et va l'être encore davantage, si le gouvernement Hélvétique accepte les propositions du canton de Zurich demandant à le monopoliser à son profit, — nos industriels ne peuvent détourner une seule goutte des eaux du fleuve.

Ils en sont réduits à chercher loin des grands centres et des voies de transport économiques, dans nos montagnes les plus élevées, les chutes d'eau dont la rareté se fait déjà sentir.

D'un autre côté, il est difficile de concevoir dans la partie du Rhône en aval de Lyon, des dérivations semblables à celle de Jonage, faites par des Sociétés diverses, sans un plan général d'ensemble ménageant la navigation de l'avenir.

On a appelé ce plan général, cette étude complète de la question: *l'aménagement industriel et agricole du Rhône.*

Il comporte la solution des canaux d'irrigation si vivement désirés par les agriculteurs des départements de la Drôme, de Vaucluse, du Gard et de l'Hérault.

Depuis 1871, ces canaux d'irrigation sont promis par les pouvoirs publics ; accepté par la Chambre, le projet est actuellement devant le Sénat.

Plusieurs de nos Chambres de Commerce y ont été hostiles. Elles ont craint que les eaux employées à l'irrigation en diminuant le débit du fleuve, ne nuisent à sa navigabilité. Leur opposition obligea le gouvernement à réduire le débit du canal et à le rendre insuffisant pour les périmètres arrosables.

Toutes ces difficultés paraissent aplanies par l'aménagement industriel et agricole du Rhône.

C'est-à-dire :

Soit par l'établissement sur la rive gauche d'un canal navigable, avec écluses et latéral au fleuve, soit par la construction entre Lyon et Valence, de barrages mobiles alternant avec des dérivations éclusées, et de Valence à Arles, par un canal latéral également éclusé et navigable, cheminant sur la rive gauche entre la voie ferrée et le Rhône.

Dans ces deux projets, à chaque écluse seraient établies des usines semblables à celle de Jonage.

Le total de l'énergie ainsi produite et utilisable à 40 kilomètres au moins de chaque côté du canal, pourrait atteindre et dépasser 200.000 chevaux suivant l'importance de la dérivation.

A la hauteur de Mornas commencerait sur la rive droite, le canal d'irrigation. Les eaux seraient dérivées à niveau du canal de navigation ou élevées directement du fleuve, au moyen de pompes actionnées par des turbines utilisant les forces motrices produites dans les Usines-barrages. De Lyon à Arles, la navigation se ferait dans le canal ou sur cent kilomètres dans le Rhône, aménagé par des barrages mobiles comme la basse Seine, d'Arles à Marseille dans le canal déjà projeté dit de Marseille, d'Arles à Saint-Louis dans le Rhône.

De fréquentes rentrées dans le fleuve permettraient de desservir les villes de la rive droite.

La section du canal serait telle, que les plus grands chalands y navigueraient. On obtiendrait ainsi certainement les frêts d'un centime la tonne kilométrique, soit 3,25 à 3,50 la tonne pour les marchandises allant de Lyon à la mer et *vice versa*.

Enfin la traction électrique des bateaux assurerait la rapidité relative des transports.

Il est de toute évidence, Messieurs, que si, près de deux lignes ferrées parallèles, à côté d'un canal, d'une voie de transport économique, conduisant dans la direction naturelle de nos importations et de nos exportations entre les deux plus grandes villes de France, vous admettez une force immense, facilement transportable, divisible à l'infini, à bon marché, — vous créez dans la vallée du Rhône une situation idéale pour nos commerçants, nos industriels et nos travailleurs.

Ces projets sont réalisables.

Le transport facile mais récent de l'électricité à de grandes distances permet l'utilisation des chutes du fleuve, par suite la rémunération des capitaux engagés dans ces entreprises, alors qu'on ne peut songer à la construction d'un canal uniquement de navigation et même d'irrigation sans être obligé de faire un trop large appel aux finances du pays.

M. Souleyre, ingénieur des Ponts-et-Chaussées à Constantine, a le premier compris cette situation nouvelle ; il l'a savamment exposée dans les numéros des 16, 23 et 30 avril de la *Revue scientifique*, année 1898.

M. Guïotton, ingénieur des Ponts et Chaussées à Montélimar, faisait en même temps une étude dans le même sens.

Elle a permis à MM. Denéfle, administrateurs de la Société de traction électrique des bateaux au capital de 2.700.000 francs, de demander. au mois de mars 1899, au Gouvernement, la concession d'un canal pouvant réaliser l'aménagement industriel et agricole du Rhône.

D'autres sociétés d'études s'occupent de cette importante entreprise.

M. Aristide Dumont, ingénieur en chef des Ponts et Chaussées, dans une note adressée aux Conseils généraux des départements méridionaux au mois d'avril dernier, a renoncé à l'établissement du seul canal d'irrigation dont il était le promoteur, pour demander l'utilisation des eaux du fleuve, au triple point de vue de la navigation, de l'irrigation, et de l'utilisation de ses forces motrices.

La Commission interdépartementale des canaux à dériver du Rhône siégeant à Nimes le 28 janvier 1899, et composée des délégations des Conseils généraux de six départements, a pris en considération le rapport ci-annexé des délégués du Conseil général de l'Ardèche sur l'aménagement industriel et agricole du Rhône permettant l'irrigation, une navigation constante, notamment par des canaux latéraux et l'utilisation des forces motrices du fleuve.

Elle a nommé deux rapporteurs, MM. Pin et de Castelnau, conseillers généraux du Gard ; M. Pin termine ainsi son rapport déposé le 31 mars 1899 :

« Dans cette même réunion, nos honorables collègues de l'Ar-
« dèche nous ont soumis un nouveau projet dont l'examen a été
« confié à notre honorable collègue, M. de Castelnau.

« Nous n'avons pas à préjuger quelle sera la résolution que
« vous prendrez, quand les conclusions du rapport de M. de Cas-
« telnau vous seront connues. Mais d'ores et déjà nous pensons
« que l'adoption de ce projet très séduisant, impliquerait le
« remaniement complet des Canaux d'irrigation, tels qu'ils ont
« été étudiés jusqu'à ce jour, ainsi que la renonciation au bénéfice
« de la loi votée par la Chambre des députés et des négociations
« menées à bonne fin, après plus de 20 années d'étude et de
« discussion.

« En l'état, les questions sur lesquelles la Commission interdé-
« partementale est appelée à donner son opinion, sont les
« suivantes :
« 1° Faut-il approuver le nouveau projet présenté par nos
« honorables collègues de l'Ardèche, et demander dans ce cas,
« au Gouvernement, qu'il soit soumis à une étude complète et
« sanctionné par une loi ?
« 2° Faut-il, au contraire, insister auprès du Gouvernement
« afin que le Sénat soit, dans le plus bref délai possible, appelé à
« voter la loi adoptée par la Chambre, et amendée dans le sens
« indiqué par le Sénat lui-même ?
« Alais, le 31 mars 1899.

« Emile PIN,
« Conseiller général du Gard.

« NOTA. — Notre rapport était à l'impression, lorsque le
« 4 avril, à sept heures du soir, nous avons reçu de M. Darbousse
« une note de M. l'ingénieur Souleyre, l'auteur du projet présenté
« à la Commission interdépartementale par nos collègues de
« l'Ardèche.

« Ce projet coûterait moins cher que ceux qui ont été étudiés
« jusqu'à ce jour : il utiliserait le Rhône comme force motrice, il

« ferait disparaître tout antagonisme entre les intérêts de la
« navigation et ceux de l'agriculture, et pourrait assurer cent
« mètres cubes d'eau pour l'irrigation.

« Nous désirons que tous ces avantages si précieux soient réa-
« lisables. Mais avant de prendre une décision, nous pensons que
« nous devons attendre le rapport de notre honorable collègue,
« M. de Castelnau.

« E. P. »

M. l'ingénieur en chef des mines, de Castelnau, chargé plus
spécialement de l'étude de la partie technique, n'a pas donné
connaissance encore de ses conclusions.

S'il était permis de s'appuyer sur une officieuse indiscrétion,
elles seraient plus favorables.

Les Conseils généraux de l'Ardèche et de la Drôme, ont émis
des vœux en faveur de l'aménagement industriel et agricole du
Rhône.

Les autres Conseils généraux de la région, plus particulièrement intéressée, attendent pour se prononcer les rapports de
leurs délégués à la Commission interdépartementale dont la prochaine réunion aura lieu en juillet.

La Presse des départements méridionaux a accueilli, avec une
faveur très marquée, ces projets intéressant si vivement les
agriculteurs, les commerçants et les industriels.

Le Syndicat commercial algérien, pour la défense et le développement du commerce et de l'industrie, dont l'influence est si
légitime à Alger, a été saisi de la question par son honorable
président, M. Tachet.

Il a émis un vœu en faveur de l'aménagement du fleuve, dans
les termes suivants, reproduit et approuvé par tous les journaux
de l'Algérie :

« M. le Président donne communication d'un remarquable rapport de MM. Auguste de Lafarge, Julien Rigaud et Jules Alizon,
délégués de la Commission interdépartementale des canaux dérivés du Rhône, traitant de l'aménagement agricole et industriel de
ce fleuve par l'établissement de canaux pouvant servir à la navigation, à la production de forces motrices en même temps qu'à
l'irrigation de la grande vallée du Rhône.

« A ce sujet, M. Tachet fait au Syndicat la communication
suivante :

« Ce vaste projet, dû à l'initiative de M. Souleyre, ingénieur
« des Ponts et Chaussées à Constantine, présente un intérêt com-

16

« mercial en ce que la vallée du Rhône et de la Saône est la plus
« courte voie du littoral aux centres les plus industrieux de
« France et que l'exploitation de cette route fluviale, permettant
« des transports économiques, entraînera une réduction sensible
« des tarifs des chemins de fer desservant la région.

« Par l'utilisation du Rhône comme source d'énergie, cette
« vallée deviendra une longue rue d'usines dans l'exploitation
« desquelles on trouvera et au delà la rémunération du capital
« engagé La régularisation du cours de ce grand fleuve permet-
« tra, en outre, d'irriguer une vaste contrée dont le sol fertile,
« mais brûlé par le climat, ne donne plus aujourd'hui que d'insuf-
« fisantes récoltes.

« Cette œuvre, en somme, ramènera la prospérité dans le
« bassin méridional du Rhône, un des plus populeux et des plus
« misérables au point de vue agricole.

« Il est à remarquer, ajoute M. le Président, que les irrigations
« de terres qui seront produites par les moyens indiqués fourni-
« ront des pacages qui permettront de recevoir les moutons
« d'Algérie dans de très bonnes conditions et les rendre ainsi
« plus favorables à la vente Il est incontestable, dès lors, que
« l'élevage de la race ovine, qui prend chaque jour plus d'impor-
« tance en Algérie, se développera encore dans de plus grandes
« proportions.

« Dans ces conditions et en raison des avantages que l'Algérie
« devra en retirer, M. le Président propose au Syndicat Com-
« mercial d'appuyer, sous réserve toutefois des voies et moyens
« d'exécution qui incombent aux intéressés directs formés en
« Syndicat, le vœu émis par MM. de Lafarge, Rigaud et Alizon :
« que le Gouvernement mette le plus promptement à l'étude
« l'aménagement agricole et industriel du Rhône permettant l'ir-
« rigation, une navigation constante, notamment par des canaux
« latéraux et l'utilisation des forces motrices du fleuve. »

« Après échange de vues, l'Assemblée approuve cette motion
« et la transforme en délibération ».

Notre grande colonie exporte actuellement cinq millions de
tonnes de vin. Elle en produira le double dans cinq ou six ans.

Le transport de 1.000 litres, coûte pour Paris :

> par Rouen,   30 francs.
> par Marseille, 50 francs.

Aussi les deux tiers des vins Algériens s'exportent par Rouen.

Avec le canal latéral du Rhône ils arriveront à meilleur marché à Paris ou dans l'Est, leur principal centre de consommation.

Cette voie plus courte serait même préférée par les viticulteurs Algériens, avec une surdépense de fret ; ils économisent en effet l'assurance maritime dans leurs expéditions sur Marseille et des frais prolongés de location de futailles.

Cette situation permettrait peut-être la création à Lyon d'un grand marché vinicole, d'où les vins Algériens arrivant par la voie économique, mais lente d'un canal, seraient distribués à leur lieu de destination par les nombreuses lignes ferrées aboutissant au confluent de la Saône et du Rhône.

Ainsi, Messieurs, l'aménagement industriel et agricole du Rhône n'est point un rêve, une conception tout à fait nouvelle, un projet à peine ébauché. C'est une étude sérieuse, faite par des ingénieurs compétents, examinée actuellement au point de vue de son exécution par des industriels, les plus honorables, proposée même aux pouvoirs publics par des Entrepreneurs capables, déjà acceptée par la presse, des Conseils généraux, des Chambres de commerce et des Syndicats commerciaux.

L'approbation par votre Congrès de l'aménagement industriel et agricole du Rhône serait précieuse pour cette grande œuvre. La Chambre de commerce d'Aubenas la sollicite.

Elle vous propose d'émettre un vœu motivé, et d'appeler sur cette entreprise toute la sollicitude du Gouvernement ; nous devons lui demander des études et lui faire prévoir la nécessité de son concours financier, limité probablement à une garantie d'intérêt.

Indirectement, du reste, il en retirera des profits certains et supérieurs à ses sacrifices pécuniaires.

Il vous semblera aussi que cette intervention de l'Etat pour la protection et le développement de notre commerce et de notre industrie, est particulièrement équitable au moment où nous sommes imposés de si lourdes charges en faveur de nos travailleurs victimes de leur travail.

Cette règlementation nouvelle n'est certainement que la première des futures lois d'assistance sociales existant chez des nations voisines, et notamment en Allemagne.

Le Gouvernement de ce pays paraît avoir compris qu'une compensation des sacrifices imposés aux industriels était nécessaire.

Il l'a cherchée surtout dans le développement des voies économiques de transport, pour lesquelles des sommes si considérables ont été inscrites à ses budgets depuis 20 ans.

Actuellement encore, le Landtag prussien est saisi d'une demande de crédit de **quatre cents millions** de francs pour les canaux suivants :

Un canal reliant le Rhin au Weser et à l'Elbe ;
Un canal de Berlin à Stettin ;
Un canal dans la Prusse orientale ;
Un canal en Silésie ;
Un canal reliant la Sprée au Havel.

Les dépenses possibles de l'Etat Français pour assurer l'aménagement agricole et industriel du Rhône ne seront point aussi élevées ; le seraient-elles, qu'elles devraient vous paraître plus justifiées pour nos régions du Sud-Est, et même pour le pays tout entier que celles nécessaires pour rendre : la Loire navigable, Paris, port de mer, ou pour l'établissement du canal des deux mers, dont le rapport favorable cependant a été récemment distribué aux membres du Parlement.

« Le Rhône, écrivait M. A. Dumont en 1876, est *encore d'un état sauvage, indigne de notre civilisation.* »

Depuis, les travaux entrepris par nos savants ingénieurs, avec les faibles moyens financiers mis à leur disposition, ont certainement amélioré le chenal navigable. L'unique compagnie de transport existant sur le Rhône a quadruplé son tonnage en quinze années.

Le fleuve n'est plus à l'état sauvage, mais il sera toujours trop indiscipliné et trop rapide pour devenir une voie économique de transports.

Les résultats le prouvent mieux que toutes les discussions.

Dans la France entière, les voies navigables transportent le 30 o/o du tonnage utilisant les chemins de fer.

Dans le réseau P.-.L.-M., les voies fluviales n'en prennent que le 17 o/o et à peine le 7 o/o si on ne considère que le tonnage circulaire entre Lyon et la mer, précisément dans la partie du cours du Rhône à aménager.

Cependant, la direction même de notre vallée devrait lui assurer le trafic fluvial le plus important de France et même de l'Europe.

Elle est la voie d'invasion la plus naturelle pour les marchandises exportées ou importées par nos ports de Marseille, Cette et St-Louis, en provenance ou à destination du bassin méditerranéen et du canal de Suez.

Les distances de Suez aux principaux fleuves de France et d'Allemagne sont les suivantes :

De l'embouchure :

de la Loire	calculée de	St-Nazaire	—	2.963 milles.
de la Seine	—	du Havre	—	3.181 »
du Rhin	—	de Rotterdam	—	3.380 »
du Weser	—	Bremerhawen	—	3.597 »
de l'Elbe	—	Hambourg	—	3.653 »

Les marchandises actuellement détournées par les facilités de transport sur ces fleuves ou par les percées des Alpes, devraient donc reprendre leur chemin le plus direct, le canal latéral au Rhône, puisque l'embouchure du fleuve calculée de Port-St-Louis, n'est qu'à 1.619 milles de Suez.

Cet aménagement amènera dans toute la région du Sud-Est une activité et une prospérité nécessaires au commerce et à l'industrie de notre grande nation.

C'est bien le but de vos efforts, de vos études et de ce Congrès sur l'amélioration des voies et des moyens de transport.

Sans vouloir, Messieurs, vous dicter les considérants de vos décisions, si vous croyez devoir les prendre conformes au désir de la Chambre de Commerce d'Aubenas, nous nous permettons de vous indiquer ceux ayant déterminé ses membres à émettre un vœu en faveur de l'aménagement agricole et industriel du fleuve.

Proposition de vœu des délégués

de la Chambre de Commerce d'Aubenas

— Considérant que le Rhône est par son débit le fleuve le plus considérable de France,

— Considérant que sa vallée prolongée par ses affluents naturels et artificiels est le passage le plus direct pour les marchandises importées du canal de Suez et du Littoral Méditerranéen à destination de la France, d'une partie de l'Allemagne, de la Suisse et même de la Belgique ou exportées des mêmes pays dans le bassin de la Méditerranée et les contrées au-delà de Suez,

— Considérant que le Rhône est de tous les fleuves Européens, celui se prêtant le mieux à l'utilisation de ses forces motrices,

— Considérant que son bassin méridional est un des plus populeux et des plus misérables au point de vue agricole,

La Conférence des Chambres de Commerce du Sud-Est de la France, réunie à Lyon le 31 mai 1899,

Estime :

Que de toutes les améliorations des voies de transport par eau actuellement à l'étude ou proposées aux Pouvoirs publics, l'aménagement industriel du Rhône, permettant la navigation constante, notamment par des canaux latéraux, est la plus importante pour le commerce et l'industrie de la région qu'elle représente, et même de la France,

Emet le vœu :

Que le Gouvernement mette le plus promptement à l'étude, et facilite au besoin par des engagements financiers l'aménagement agricole et industriel du Rhône, permettant l'irrigation, une navigation constante, notamment par des canaux latéraux et l'utilisation des forces motrices du fleuve.

Le Délégué de la Chambre de Commerce d'Aubenas, Secrétaire,

Auguste PAVIN de LAFARGE.

Communiqué Officiel à la Presse

de la Conférence des Chambres de Commerce du Sud-Est

Les délégués des Chambres de commerce du Sud-Est ont poursuivi leurs travaux dans la matinée d'hier en abordant la deuxième question de l'ordre du jour : Mise à l'étude d'une ou plusieurs voies ferrées qui réaliseraient la jonction des principaux ports fluviaux du Rhône au réseau de la Compagnie P.-L.-M.

L'exposé des motifs a permis à M. Jean Coignet, vice-président, de traiter la question de navigation du Rhône et des canaux affluents.

Une discussion, qui a été commencée dans la séance du matin a continué dans la séance du soir. Y ont pris part MM. Pavin de Lafarge, membre de la Chambre de commerce d'Aubenas ; Prat-Noilly, membre de la Chambre de commerce de Marseille ; Frisch, vice-président de la Chambre de Cette ; Paul Dubourg, président

de la Chambre de Besançon; Lamouroux, délégué de la Chambre
de Nîmes; Bajard, président de la Chambre de Roanne; Mirabel-
Chambaud, président de la Chambre de Valence, et Carrière,
délégué de Montpellier.

La conférence a décidé, à l'unanimité, de renvoyer à l'étude de
l'Office central de renseignements, dont elle avait voté la création la veille, les questions se référant à l'amélioration de la navigabilité du Rhône et entre autres l'étude des voies et moyens de
réalisation pratique d'un canal latéral de navigation du Rhône et
des canaux du Rhône à Marseille et du Rhône à Cette.

Annexe D

CORRESPONDANCE

CORRESPONDANCE

SOCIÉTÉ ANONYME
DES
MINES DES BORMETTES   *Marseille, le 18 Janvier 1900.*

MONSIEUR VELTEN,

Société pour la Défense du Commerce,

En Ville.

MONSIEUR,

J'ai bien reçu la lettre que vous m'avez fait l'honneur de m'adresser sous la date du 5 courant.

Notre Société possède, près de Vienne, une Mine ayant accès sur la rive même du Rhône et qui se trouve, par conséquent, dans une situation tout-à-fait privilégiée au point de vue de la facilité et de l'économie des transports. Il est probable que la création d'un canal latéral au Rhône ne lui apporterait pas tous les avantages dont bénéficieraient d'autres industries car, selon les apparences, le creusement devrait en être fait sur la rive droite et nous n'aurions pas la faculté de charger directement nos produits au pied même de nos usines, comme nous le faisons sur le Rhône. Toutefois, la navigation de ce fleuve se fait dans des conditions si onéreuses qu'il est vraisemblable que nous y trouverions encore une économie.

Si je mets de côté notre intérêt particulier pour considérer l'intérêt général, le seul évidemment qui vous préoccupe, je m'empresse de reconnaître que la question que vous avez mise à l'étude est de celles qui appellent au plus haut point l'attention générale et que, de la réalisation de votre projet, résulteraient des avantages incalculables, aussi bien pour le commerce de Marseille, que pour toute la vallée du Rhône.

Je serais très heureux de pouvoir vous fournir quelques renseignements utiles pour votre rapport ; je crains malheureusement de ne faire que confirmer ce qui vous aura déjà été indiqué d'autre part.

En ce qui concerne notre expérience personnelle nous avons eu à souffrir comme tous ceux qui emploient le Rhône comme voie de communication :

1° De la cherté des transports, tenant à la difficulté de la navigation qui assure un véritable monopole à la seule Compagnie assez riche pour posséder le matériel spécial nécessaire. C'est ainsi que le transport de nos minerais bruts, marchandise éminemment pauvre, nous coûte de Vienne à Port-Saint-Louis-du-Rhône plus de deux fois le prix que nous payons de ce port aux Bormettes. Encore bénéficions-nous d'un tarif de faveur que nous avons obtenu en traitant pour un tonnage important. Le prix habituellement pratiqué pour ce parcours étant le triple de celui que l'on paye de Saint-Louis à Marseille ou à Toulon.

2° De l'obligation de supporter les frais d'un transbordement à Saint-Louis, les barques du Rhône, à cause de leur forme particulière, ne pouvant se risquer en mer.

Pour ces deux raisons le transport par eau de nos minerais ne nous fait réaliser qu'une faible économie sur le tarif du chemin de fer, économie tout-à-fait insuffisante si l'on considère que ce mode de transport entraîne une grande perte de temps, des déchets plus considérables et comporte moins de sécurité ;

3° De l'irrégularité dans la marche des transports, qui sont suspendus à diverses époques de l'année à cause du niveau des eaux du fleuve, ce qui nous empêche de compter d'une façon certaine sur nos minerais et ce qui, d'autre part, nous a quelquefois obligés à en laisser d'importantes quantités entreposées sur les quais du Rhône d'où ils auraient pu être entraînés, avant qu'on ait eu le temps de les enlever, par une crue rapide du fleuve.

Ces diverses considérations ne sont sans doute pas nouvelles pour vous, les désagréments qui me les suggèrent ne nous étant pas particuliers ; j'ai tenu toutefois à répondre, dans la mesure de mon expérience personnelle, à la question que vous m'avez posée, désirant vous montrer par là combien j'estime intéressante et profitable l'œuvre que vous avez entreprise.

Recevez, Monsieur, l'assurance de ma considération très distinguée.

Le Président du Conseil d'Administration,

Théo TEISSÈRE.

BRASSERIES
DE LA MÉDITERRANÉE
LYON

Le 6 janvier 1900.

———

MONSIEUR EDOUARD VELTEN,

*Rapporteur de la Commission d'étude
du canal latéral du Rhône, à la Société
pour la Défense du Commerce,*

à Marseille.

MONSIEUR,

A votre demande d'informations, nous avons l'honneur de répondre, qu'en l'état actuel, la navigation du Rhône est beaucoup trop irrégulière, pour pouvoir nous rendre des services sérieux. C'est tout au plus, si cette voie est pratiquement utilisable pour les expéditions de produits de grande conservation et pour les livraisons de marchandises à long terme. Cette situation précaire a la conséquence de réduire le frêt de la Compagnie qui l'exploite, dans de telles proportions, qu'elle semble différer parfois le départ de ses bateaux, sous divers prétextes, mais en réalité, dans l'attente d'un chargement complet.

Cette cause de retard, ajoutée à celle des cas de force majeure, qui sont généralement : les brouillards intenses en automne ; les hautes eaux au printemps et les basses eaux en été ; contribue à augmenter l'incertitude de son service. Il n'est pas possible, d'établir aucun marché ferme, à destination des villes qu'elle dessert, en se basant sur son tarif, car la plupart du temps, il faut recourir en son remplacement au chemin de fer, dont le transport est plus élevé ; ce qui modifie sensiblement le prix de revient des marchandises. La chose est regrettable, car le commerce des villes riveraines du Rhône trouverait certainement de nombreux débouchés nouveaux, grâce aux avantages du transport par eau, s'il pouvait compter sur sa ponctualité.

Le Directeur,
E. OLLIER.

HAUTS-FOURNEAUX de CHASSE

(Isère)

Chasse, le 19 Janvier 1900.

———

*A M. le Rapporteur de la Commission d'Initiative
de la Société pour la Défense du Commerce*

Marseille.

Monsieur,

En réponse à votre honorée du 10 courant, je dois vous dire que la Compagnie des Hauts-Fourneaux de Chasse aurait pour le moment le plus grand intérêt à se servir du canal dont vous parlez, et pourrait lui donner un tonnage très important pouvant atteindre 50.000 tonnes par an pour Cette et Marseille.

Veuillez recevoir, Monsieur, l'assurance de ma considération bien distinguée.

Le Directeur,

SOVIGNET.

VERRERIE
De l'Etablissement des Eaux Minérales
de St-GALMIER (Loire)

Veauche (Loire), le 12 Janvier 1900.

Monsieur Edouard Velten,

A Marseille.

Nous appelons de tous nos vœux la création d'un canal non seulement de Lyon à Arles et Marseille, mais de Marseille à Roanne, venant se souder dans cette ville aux différents canaux déjà existants et faisant ainsi communiquer les deux mers.

Ce travail, beaucoup moins coûteux que tous les Panamas du monde, aurait un avantage énorme pour le Midi et le Centre. Il permettrait de recevoir en cas de crise les houilles du Gard et du Nord. Quant au trafic, il deviendrait d'une importance telle que les Compagnies de chemin de fer se verraient bien obligées de ménager les industries qui la font vivre et qu'elles exploitent en ce moment par des tarifs draconiens.

La Chambre de commerce de Saint-Etienne pourra vous donner à ce point de vue tous les renseignements documentés que vous pourrez désirer.

Si vous réussissez dans votre projet, vous aurez rendu un service immense à l'industrie, au commerce, à l'agriculture et Marseille deviendra la reine des Mers.

Mon modeste concours vous est entièrement acquis et il serait grand temps que l'on fasse quelque chose pour nos régions.

Veuillez agréer, Monsieur, l'assurance de mes sentiments distingués.

L'Administrateur-délégué,

I. LAURENT.

L'ALUMINE ET SES DÉRIVÉS

Givors (Rhône), le 12 Janvier 1900.

SOCIÉTÉ POUR LA DÉFENSE DU COMMERCE

DE MARSEILLE, 1, Place de la Bourse,

Marseille.

MESSIEURS,

Nous avons bien reçu votre honorée du 11 courant et nous tenons immédiatement à vous féliciter de votre initiative et à vous souhaiter la réussite la plus complète de vos projets.

Ces souhaits de réussite nous sont peut-être faciles puisque nous sommes appelés à profiter de la réalisation de vos projets, mais ils sont surtout expliqués par notre désir de faire vivre une industrie essentiellement française.

La création d'un canal allant de Lyon à Marseille nous permettrait, en effet :

1° D'obtenir un prix de transport réduit pour nos matières premières en même temps qu'il nous faciliterait l'exportation de nos produits finis vers les colonies et l'Amérique, par la voie de Marseille ;

2° Cette exportation nous permettrait d'entrer en lutte ouverte avec nos concurrents les plus redoutables d'Allemagne ;

3° Enfin, sans nuire aucunement à l'industrie française, nous pourrions, pendant les périodes de crise, recevoir de l'étranger les charbons qui constituent pour nous un produit de toute nécessité.

Voilà les raisons principales qui nous autorisent à vous accorder tout notre appui, si faible qu'il soit, en présence des services que rendrait à l'industrie la création du canal de Lyon à Marseille.

Nous nous tenons d'ailleurs à votre entière disposition pour tous renseignements dont vous pourriez avoir besoin.

Veuillez recevoir, Messieurs, nos salutations sincères.

Le Directeur,

MOLUIBAUT.

COMPAGNIE DES FORGES ET ACIÉRIES
De la Marine et des Chemins de Fer

Saint-Chamond, le 13 Janvier 1900.

MONSIEUR E. VELTEN.

Société pour la Défense du Commerce de Marseille,
1, place de la Bourse,

Marseille.

J'ai l'honneur de vous accuser réception de votre lettre du 5 janvier courant, par laquelle vous voulez bien me faire connaître que la Société pour la Défense du Commerce de Marseille vient de nommer une commission chargée d'étudier le projet d'un canal latéral du Rhône reliant Lyon à Arles et par suite Lyon à Marseille par le canal de Marseille au Rhône.

Je vous remercie de votre communication à cet égard et je souhaite bien vivement que les démarches que vous allez entreprendre puissent vous permettre d'aboutir promptement et d'obtenir le résultat favorable que vous poursuivez dans l'intérêt général du commerce.

Veuillez agréer, Monsieur le Rapporteur, l'assurance de ma considération distinguée.

Le Directeur Général de la Compagnie,

MONTGOLFIER.

Typographie et Lithographie Barlatier

Marseille. — Rue Venture, 19.